AF370996

LES TROIS MULETIERS,

MÉLODRAME COMIQUE EN TROIS ACTES,

PAR MM. ANTIER ET MARCHAL,

Représenté pour la première fois, à Paris, sur théâtre de la Porte-St.-Martin, le 9 novembre 1839.

DISTRIBUTION :

NITELLA, jeune Andalouse........	Mᵐᵉ C. Cabot.	MARIOL, coiffeur de la cour.......	M. Em. Dupuis.
LA DUCHESSE DE CHEVREUSE..	Mᵐᵉ Génau.	BRUSQUET, valet de chambre......	M. C. Cabot.
LE MARQUIS DE MÉRÉ............	M. Surville.	Mᵐᵉ MAILLET, femme de charge..	Mᵐᵉ Dupont.
PÉRÈS } frères navarrois muletiers.	M. Lajariette.	MARINETTE, suivante de Nitella..	Mˡˡᵉ E. Kersent
JOANNÈS }	M. Gobert.	DUPRÉ	M. Eugène.
CAMPANI }	M. Varner.	PIERRE.............................	M. Hypolite.

La scène se passe à Paris.

ACTE I.

Le théâtre représente la cour de l'hôtel de Chevreuse donnant sur les jardins. A gauche du spectateur, une espèce de hangard sous lequel se trouve la porte des remises et l'écurie.

SCÈNE I.

CAMPANI, GENS DE L'HÔTEL, AIDES DE L'OFFICE, VALETS DE L'ANTICHAMBRE.

TOUS.

Non, non, non, cent fois non, nous n'irons pas.

DUPRÉ.

Si la mule a besoin de médicamens, qu'il aille les chercher lui-même.

PIERRE.

Et s'il veut dîner aujourd'hui, qu'il vienne s'attabler à l'office avec nous.

CAMPANI.

Il paraît que le goût des émeutes vous gagne ; et parce que le populaire crie au Louvre : à bas le cardinal ! vous venez me crier aux oreilles : à bas les trois muletiers!

TOUS.

Oui, oui, à bas les muletiers.

CAMPANI.

Je vous répète encore, faquins que vous êtes que vous me servirez, moi, mes frères et nos mules, parce que la duchesse de Chevreuse l'a entendu ainsi.

LE VALET.

Nous ne sommes pas des valets de muletiers!..

CAMPANI.

Nous étions muletiers, comme vous dites, lorsque Mᵐᵉ la Surintendante nous a fait venir de la Navarre espagnole ; mais nos mules étaient notre propriété, et nos heures nous appartenaient. Nous n'étions aux gages de personne,

et c'est de même en cet hôtel. En attendant les emplois qui nous sont promis, nous avons pris la direction des écuries de votre dame et maîtresse par reconnaissance, par dévouement, pour le plaisir de le faire, sans condition servile ; et nous avons voulu garder nos habits d'hommes libres, parce qu'il n'y a que les valets qui portent la livrée et ; que nous ne sommes pas des valets.

LE VALET.

Ces trois Messieurs sont des gentilshommes!

CAMPANI.

Pourquoi pas, si nous descendons de ces Espagnols qui ont conquis leur territoire sur les Maures d'Afrique à la pointe de l'épée ?.. mais nobles ou vilains peu importe, mes frères et moi nous ne voulons pas manger à l'office. Notre écurie est notre Louvre et nous ne vivrons pas ailleurs.

L'AIDE D'OFFICE.

Eh bien, vous y jeûnerez tout à votre aise.

TOUS.

Oui, oui.

CAMPANI.

Jusqu'à ce qu'on vous chasse comme des insolens que vous êtes.

LE VALET.

Si pareille chose arrivait, tu pourrais crier malheur à tes côtes.

TOUS.

Oh oui, malheur.

CAMPANI, s'animant.

Ah ça, mes braves, est-ce que vous seriez ce

10

matin d'humeur à être battus? les combats à
l'épée, dont vous ne sauriez pas vous servir,
entraînent peine de mort sous ce règne ; mais
ceux au bâton ne sont pas compris dans la
mesure; d'ailleurs il n'y aura pas de combats.
J'en assommerais une demi-douzaine seulement
jusqu'à ce que mes frères me vinssent en aide.
(Il se rapproche de la porte de l'écurie, prend un
bâton ferré en frappe le bout contre terre et se dispose
en adversaire prêt à se défendre.) Ça vous va-t-il ?
voyons.

LE VALET.

Il nous insulte.

TOUS.

Haro sur le muletier !

L'AIDE.

Le muletier dans le puits.

TOUS.

Oui à l'eau le muletier.

CAMPANI.

Par la mule du pape nous allons voir si c'est
moi qui boirai de l'eau du puits. (Il soulève son
bâton. Tous les valets s'arment de ce qu'il trouvent
sous la main pour l'attaquer.)

TOUS.

Haro sur le muletier.

SCÈNE II.

LES MÊMES, LA DUCHESSE DE CHEVREUSE,
JOANNÈS, PÉRÈS, DUPRÉ, PIERRE.

(La duchesse arrive dans une chaise du temps portée par Joannès et
Pérès.)

LA DUCHESSE, passant la tête par la portière.

Qu'est-ce là ? que se passe-t-il ici ?

PÉRÈS, posant la chaise.

C'est encore à mon frère qu'ils en veulent!
(Il tire un des portants de la chaise, Joannès prend
l'autre.) A nous, la valetaille.

DUPRÉ, ouvrant la portière.

Mme la duchesse.

TOUS, se découvrant confus.

Mme la duchesse.

LA DUCHESSE, en scène, aux trois frères.

Quel nouveau motif les ameute ainsi contre
vous ?

CAMPANI.

Le même, toujours, Mme la duchesse. Ils pen-
sent que c'est par fierté que nous ne voulons pas
leur faire compagnie... pour ce fait, ils nous cou-
pent les vivres... ceci n'est que drôle; mais le côté
sérieux c'est que votre mule favorite est fort
malade, et que le vétérinaire a ordonné des
médicamens que je n'ai pas encore pu obtenir.

LA DUCHESSE.

Vraiment! Eh bien, écoutez-moi tous : je vous
paie pour me servir; vous êtes mes gens... ces
trois hommes sont mes hôtes et ne vous doivent
rien. Ils sont libres de vivre chez moi à leur
fantaisie, et je veux que vous soyez à leur service
comme au mien. C'est la seconde fois que votre
sotte envie les trouble et les fatigue, si pareille
esclandre se renouvelle, je vous chasse tous.
Allez. (Les valets sortent, excepté Pierre et Dupré
qui se placent au pied de l'escalier des appartemens
qu'on aperçoit dans un vestibule à gauche.)

SCÈNE III.

LA DUCHESSE, PÉRÈS, CAMPANI, JOANNÈS,
LES DEUX VALETS.

JOANNÈS.

Et notre belle cousine Nitella, vous l'avez vue
ce matin, Mme la duchesse ?

LA DUCHESSE.

Comme à l'ordinaire, auprès de la reine qui
s'y attache chaque jour davantage. Elle ne peut
se passer d'elle et même se faire à l'idée qu'elle
puisse jamais s'éloigner de la cour.

CAMPANI, vivement.

Pardon, Mme la duchesse, nous ne voudrions
pas vous retenir en ce lieu, mais si vous le
permettez nous vous suivrons pour vous expli-
quer...

LA DUCHESSE.

Parlez, Campani, parlez, je vous écoute.

CAMPANI.

Lorsque Mme Anne d'Autriche, au moment de
son mariage avec le roi Louis XIII, à Bordeaux,
amena d'Espagne, à sa suite, notre cousine Nitella, comme un riant et frais souvenir de cette
Andalousie qu'elle abandonnait pour un trône,
Nitella n'oublia pas d'instruire la reine de
France qu'à une époque fixée, lorsque sa dix-
huitième année serait accomplie, elle devait
épouser un de ses cousins.

LA DUCHESSE.

La reine aura bien de la peine à tenir la pro-
messe qu'elle fit alors de la laisser libre.

PÉRÈS.

Comment pourrait-elle y manquer ?

LA DUCHESSE.

Dans cette cour froide et sévère qui se mo-
dèle sur un roi mélancolique et soucieux, Nitella,
pour la jeune reine est comme vous venez de le
dire, un souvenir vivant de cette belle Espagne
où s'écoula sa première jeunesse. Elle sait
éclaircir le front royal et ramener le sourire
sur des lèvres moroses et boudeuses. Elle est
nécessaire comme tout ce qui peut amuser. Eh
bien, si la reine lui dit avec ce charme irrésistible que je lui connais : comment Nitella, toi,
ma compatriote, toi que je traite comme... une
amie... et c'est une reine qui parle... tu veux
m'abandonner! J'ai donc bien peu d'empire sur
ceux que j'approche de ma personne et je place
donc bien mal mes affections? Que voulez-vous
que Nitella ait le courage de répondre.

JOANNÈS.

Je veux, madame, qu'elle réponde que les
engagemens pris avec Dieu du ciel sont plus sa-
crés que les fantaisies des souverains de la terre.
C'est sur le Christ, au chevet de notre mère
mourante, qui l'a élevée comme sa fille, que Nitella a fait serment qu'un de nous trois serait son
époux.

PÉRÈS.

Et au risque de notre tête, nous arracherions
notre parente aux fascinations, aux enchante-
mens de la cour, s'ils pouvaient la séduire au
point de lui faire oublier son serment.

LA DUCHESSE.

Ne l'accusez pas, la pauvre enfant qui me disait encore tout à l'heure, au lever de la reine,
qu'elle viendrait aujourd'hui passer la journée
avec moi, pour vous consacrer quelques heures
de sa liberté.

JOANNÈS.

Oh! elle est bonne, nous le savons.

PÉRÈS.

Mais nous sommes impatiens!

CAMPANI.

Et si nous retardons encore une explication avec elle, c'est que nous en fixons l'instant, après l'issue de l'entreprise dans laquelle vous avez bien voulu demander notre aide.

LA DUCHESSE.

Bonnes et loyales natures, vous-mêmes, et dignes de comprendre et de partager les nobles dévouemens! (A demi-voix.) Oh! oui, renversons le cardinal ministre, et la reine de France, vraiment reine, entourée sans partage des respects et des adorations d'une cour enivrée, laissera Nitella libre de son choix et de son cœur.

CAMPANI.

Que ce soit demain, s'il est possible.

JOANNÈS.

Et nous redirons avec tout le peuple : Vive la reine!

LA DUCHESSE, violemment, mais très bas.

Laissons-le dire d'abord : A bas le cardinal! l'heure sonnera bientôt de tirer parti de sa colère. En attendant, allons voir ma pauvre Stella, Compani, et Dieu fasse qu'elle soit en état de me porter à la messe d'actions de grâce qui sera dite si nous remportons la victoire.

(Elle sort avec Compani. Pierre et Dupré s'asseient en dedans du vestibule, sur une banquette au pied de l'escalier.)

SCÈNE VI.
JOANNÈS, PÉRÈS.

JOANNÈS.

Dans nos montagnes, notre avenir ne dépendait pas des caprices d'une reine ou du renversement d'un homme que nous ne connaissons pas.

PÉRÈS.

Sans doute; mais pouvions-nous voir partir Nitella sans la suivre! chaque pas après elle nous rapprochait du bonheur.

JOANNÈS.

Oui; pour qui de nous trois le bonheur? Pérès, crois-tu que deux d'entre nous auront la force de convenir jamais des droits du troisième?

PÉRÈS.

Franchement, Joannès, je crois qu'il faudra... mais tu oublies que notre frère est absent et que cette question brûlante ne doit être soulevée qu'en présence des trois.

JOANNÈS.

Tu as raison. C'est l'entretien de tout à l'heure, avec la duchesse qui m'a troublé la cervelle.

PÉRÈS.

Ce que je peux dire, c'est que je donnerais ma part du paradis pour être le bienheureux.

JOANNÈS.

Et moi dix ans de plus à faire en purgatoire après ma mort.

PÉRÈS.

Ainsi tu ne risquerais pas autant que moi?

JOANNÈS.

C'est que je ne crois pas que donner son âme au diable soit une preuve d'amour digne d'une honnête chrétienne.

PÉRÈS.

Oh! Joannès, ce que tu dis là n'est pas bien.

UNE VOIX, au-dehors.

Vingt-cinq pistoles, à moi!

PÉRÈS, à son frère.

Chut!.. quelqu'un.

SCÈNE V.
JOANNÈS, PÉRÈS, MARIOL.

MARIOL, à la cantonnade.

A moi, maître Mariol, coiffeur privilégié de la cour de France et de Navarre!... Allons donc!... grand merci de la pratique, je n'en veux pas. Votre grand seigneur n'est qu'un gentillâtre, un hobereau d'Auvergne ou de Poitou. (Il arrive en scène.) Ah! vous voilà, bonjour, mes maîtres. Concevez-vous M. le vidame de je ne sais où, qui me fait offrir vingt-cinq pistoles de gages pour aller le coiffer... et rue Trousse-Vache, encore! Vingt-cinq pistoles! mais je manquerais de respect à Mme la duchesse de Chevreuse, à MM. de Luynes et de Bassompierre qui m'en donnent cinquante!... de même qu'à leur secrétaire. Et c'est convenable. Les deux hommes essentiels de toute grande maison! Otez à un grand seigneur son secrétaire et son coiffeur; et je vous prie de me dire ce qui lui restera de son esprit et de sa figure... S'il se fut agi de quelque frèle et gracieuse femme, encore!.. On se laisse aller à des concessions; et quitte à se rattraper autrement, on les coiffe pour l'honneur.

PÉRÈS.

Vous êtes galant.

JOANNÈS.

Et généreux.

MARIOL.

Ah! ah! ah! c'est qu'on fait honorablement son état pour tout le monde, j'ose le dire; mais on a ses goûts, ses préférences! On aime mieux, par exemple, avoir en main une jolie femme qu'une laide. (A Pérès.) Vous, signor, quand madame la duchesse, pour descendre de sa mule, vous pose sa jolie petite main douce et blanche sur l'épaule... eh bien?

PÉRÈS.

Eh bien? qu'est-ce que ça me fait?

MARIOL.

Ça vous fait plus de plaisir que si vous y sentiez une main sèche et ridée?

PÉRÈS.

Moi? je ne songe pas plus à la main qui s'appuie que la duchesse à l'épaule qu'on lui présente.

MARIOL.

Parce que vous autres gens de montagnes, vous n'êtes pas impressionnables comme dans nos grandes cités; vous n'avez pas de nerfs. (A demi-voix.) Moi, quand des boucles longues et soyeuses me roulent sous les doigts... Ah! signor, signor!.. l'impression que ça me produit... je la renferme... vous comprenez; mais quelquefois, ça déborde. je le sens aux palpitations qui me prennent. (Plus bas encore.) Mme la duchesse est admirable... en peignoir, surtout.

PÉRÈS, lui prenant rudement la main.

Maître Mariol!

MARIOL.

Plaît-il?

PÉRÈS, *la lui secouant.*

Je suis bien aise de ce que vous me dites.

MARIOL.

Je vous remercie; mais ne secouez pas si fort.

PÉRÈS.

C'est vous aussi qui coiffez la signora Nitella d'Andalousie, notre chère cousine?

MARIOL.

La charmante protégée de la reine!.. oui, c'est moi, je m'en flatte.

PÉRÈS.

Eh bien! je vous défends de la coiffer davantage! Je n'aime pas la sensibilité de nerfs, moi; et si je savais que vous eussiez des palpitations auprès d'elle, je vous broyerais dans mes deux mains.

JOANNÈS.

Et moi je lui épargnerais la moitié de la peine.

MARIOL, *effrayé.*

Ah ça! messeigneurs, voyons, voyons, vous vous effarouchez de l'admiration...

PÉRÈS.

Je veux un coiffeur qui coiffe tout simplement, sans admirer.

MARIOL.

On a bien raison de dire que les Espagnols sont jaloux comme des Turcs.

PÉRÈS.

Savoir exposée aux regards d'un... coiffeur, en déshabillé, en peignoir, comme il dit, la femme qu'on aime.

MARIOL.

En peignoir, ces dames sont enveloppées, fous que vous êtes! c'est en toilette de cour que c'est bien plus dangereux. La nature se montre sans voile, comme Dieu l'a faite, et dans toute sa blancheur... quand elle est blanche.

PÉRÈS.

Le costume national que Nitella conservera toujours, est une barrière à la curiosité insolente.

MARIOL.

Ces barrières-là ne lui semble souvent qu'une agacerie de plus.

JOANNÈS.

Assez, maître, assez; nous avons foi dans celle que nous aimons.

PÉRÈS.

C'est nous insulter que d'exprimer un doute sur elle... nous croyons à la vertu.

MARIOL.

J'y crois comme vous... quelquefois; mais avec votre manière espagnole d'envisager les choses, tâchez que votre belle cousine ne reste pas trop long-temps dans le repaire de là-haut. La vertu, la pureté, l'indifférence même, qui est le rempart le plus solide, ne préservent pas d'accidens à la cour. A ces hommes privilégiés, une femme plaît; ils l'entourent de soins, de fêtes, de séductions de tous genres, de piéges de toutes sortes... Celle-là résiste par hasard!.. ils l'enlèvent; et alors... tout est dit.

PÉRÈS.

Oh! maître, maître! le ravisseur fût-il le roi de France ou le cardinal duc...

MARIOL.

Ce qui serait pire encore!

PÉRÈS.

Pourrait dire adieu à sa couronne ou à son chapeau.

MARIOL.

Chansons que cela! c'est vous qui diriez adieu à la cousine et à la liberté. A moins qu'on ne trouvât vos transports assez inconvenans pour vous faire pendre.

JOANNÈS.

Infamie! mais nous sommes donc en pays barbare?

MARIOL.

Du tout! vous êtes dans la première ville du monde élégant.

JOANNÈS.

Du monde corrompu.

MARIOL.

Le centre de la civilisation. Seulement, les uns y sont les maîtres et les autres...

PÉRÈS.

Les esclaves, n'est-ce pas?

MARIOL.

Tout uniment. Peut-être un jour les rôles changeront-ils; mais jusque-là, il faut subir la loi du plus fort: faire comme moi, plaindre les petits bien bas et flatter les grands bien haut; se tirer de la misère des uns et s'avancer aux dépens de la vanité des autres.

PÉRÈS.

Oui, mais moi, je me méfie de ceux qui plaignent bien bas et qui flattent bien haut. Gens avides ou lâches, capables de se mettre à la solde de tous les vices assez riches pour les acheter.

MARIOL.

Eh bien! décidément vous êtes gentils! et il y a du plaisir à vous donner de bons conseils. Se méfier de moi comme d'un méchant homme! vous vous y connaissez bien peu, mes pauvres Navarrois. Si j'ai quelquefois des idées à l'envers, des idées ébouriffantes, il faut me le pardonner, ce ne sont pas les miennes, mais celles des nobles têtes que je coiffe tous les jours; c'est l'effet du frottement; il déteignent sur moi, et ça me donne un air frondeur, suffisant, incrédule, qui n'est que plaqué sur un fonds d'obligeance et de bonhommie, ma parole de bourgeois de la rue des Tournelles.

JOANNÈS.

Allons, frère, il a raison, il vaut mieux qu'il ne paraît.

PÉRÈS.

Je le veux bien; mais je ne lui défends pas moins de jamais coiffer...

MARIOL.

Votre cousine... oui, oui... je sais... (A part.) Il y tient, le vilain jaloux.

SCÈNE VI.

LES PRÉCÉDENS, LA DUCHESSE, CAMPANI. PIERRE et DUPRÉ *dans le vestibule. Ils se lèvent lorsque la duchesse paraît.*

LA DUCHESSE, *à Campani.*

Je vous fais compliment de la manière dont vous avez organisé le service, songez maintenant à la dépêche que je vous ai remise?

CAMPANI.

Je cours la porter à l'hôtel du comte de Chalais. (Donnant la main à ses frères.) Je ne fais qu'aller et venir? (Il sort.)

MARIOL, *s'avançant.*

J'ai l'honneur de présenter mes respects très humbles à Mme la Surintendante; est-elle disposée à recevoir mes services.

LA DUCHESSE.

Ah! c'est vous, Mariol; non, pas maintenant;

mais si vous voulez monter à mon cabinet, vous ferez tout préparer en m'attendant.

MARIOL.

Je suis aux ordres de Mme la Duchesse.

PÉRÈS.

Sans rancune, maître.

MARIOL.

Bien du plaisir. (Avant de disparaître.) Ça ne fait pas moins des ours assez mal léchés ! (Les deux frères vont à l'écurie, Mariol aux appartemens.)

SCÈNE VII.

LA DUCHESSE, DUPRÉ, PIERRE.

LA DUCHESSE, à l'un des deux laquais debout sous le vestibule.

Dupré ? (Il s'avance.) Quelqu'un est-il venu pendant mon absence !

DUPRÉ.

Plusieurs gentilshommes se sont fait inscrire.

LA DUCHESSE.

Le marquis de Méru est-il sur la liste ?

DUPRÉ, parcourant la liste des yeux.

Je ne vois pas son nom.

LA DUCHESSE, à elle-même.

C'est étrange ! Ah ! je regrette d'avoir inspiré à ce pauvre Chalais ma haine contre le cardinal, quand je vois qu'il se confie à des écervelés comme de Méru et autres fous qui conspirent, comme ils font tout le reste, avec une légèreté, une insouciance ! (Revenant à Dupré.) Je me retire au pavillon du jardin. (Fausse sortie.) Pierre ! (Pierre s'avance.) A-t-il augmenté le nombre de nos prosélytes ?

PIERRE.

Oh ! madame, mon cousin a recruté quatre camarades, duellistes de profession, qui plutôt que de lâcher prise devant les cardinalistes, les embrocheraient comme des éperlans.

LA DUCHESSE, lui donnant une bourse.

C'est très bien ! voilà de quoi entretenir le zèle des nouveaux venus. (Elle passe au jardin.)

SCÈNE VIII.

PIERRE, DUPRÉ.

DUPRÉ, riant.

Tous les doublons de Mme la Duchesse ne passeront pas par le gosier de ces drôles-là.

PIERRE.

Si, en conscience, ils y passeront.

DUPRÉ.

Bath ! qui est-ce qui paierait donc les girandoles et les croix d'or de cette petite jolie brune qui accompagne toujours la filleule de madame ?

PIERRE.

Marinette ?

DUPRÉ.

Justement.

PIERRE, regardant du côté de la grande porte.

Tais-toi, la voilà avec la signora sa maîtresse.

SCÈNE IX.

PIERRE, DUPRÉ, MARINETTE, NITELLA.

NITELLA sur le seuil de la grande porte abaissant un loup qu'elle tenait sur son visage.

Dis-moi, Marinette, vois-tu encore ces hommes ?

MARINETTE, paraissant.

Oui, signora ; ils se sont arrêtés là-bas, au détour de la rue, où ils causent ensemble.

NITELLA, avançant en scène.

Ce serait trop singulier en plein jour, cette espèce de poursuite, tu t'es trompée ; ces hommes par hasard suivaient le même chemin que nous.

MARINETTE.

Ils suivaient nos personnes.

NITELLA.

Et tu n'as pu voir leurs figures ?

MARINETTE.

Le manteau dont ils se sont enveloppés, ne laissait voir que leurs yeux qui sont très brillans.

NITELLA, à part.

Ce soir, je prierai Pérès de m'accompagner. (Haut.) Je reste chez ma marraine, tu peux t'en retourner.

PIERRE, à Dupré.

Je vais lui faire la conduite, un petit bout de chemin.   (Il sort après elle.)

NITELLA, à Dupré, bas.

Bonjour, Dupré ; ma marraine ?

DUPRÉ.

Est au jardin. Faut-il vous conduire, signora ?

NITELLA.

Merci, je m'annoncerai moi-même. (Pendant que Dupré accompagne Nitella jusqu'au jardin, Brusquet, resté un moment sur le seuil de la porte cochère, entre avec précaution, jette le manteau dont il est enveloppé sur son bras, et suit des yeux Nitella qu'on aperçoit encore.)

SCÈNE X.

DUPRÉ, BRUSQUET, puis LE MARQUIS.

BRUSQUET.

Elle a renvoyé sa suivante, nous voilà bien sûrs qu'elle est ici, et qu'elle y reste quelque temps ; mais comme il faudra qu'elle en sorte, nous verrons. (Il regarde autour de lui, et dit à Dupré qui revient au vestibule.) Ah ! dites donc, l'ami, je viens savoir de la part de mon maître, si madame la Surintendante est revenue du Louvre ?

DUPRÉ.

Comment s'appelle votre maître ?

BRUSQUET.

Le marquis de Méru.

DUPRÉ.

Mme la Duchesse en rentrant a demandé s'il avait paru à l'hôtel.

BRUSQUET.

Ah ! bon ! (Il va vers la porte, et fait signe au marquis d'entrer ; de Méru, en entrant, donne son manteau à Brusquet.)

DUPRÉ, à de Méru.

Mme la Surintendante est au pavillon du jardin, avec sa filleule.

LE MARQUIS, à Dupré.

Allez demander si je ne dérangerai pas ces dames.   (Dupré passe au jardin.)

SCÈNE XI.
LE MARQUIS, BRUSQUET.

BRUSQUET.

Vous avez eu le plaisir de voir de vos yeux la proie se diriger vers le piége où elle sera prise?

LE MARQUIS.

Oui, la belle duchesse va me bouder parce que j'arrive tard; ma foi tant pis. Il est naturel que les complots amoureux aient le pas sur les complots politiques; c'est plus gai d'abord.

BRUSQUET.

C'est dommage qu'elle ne vous entend pas!

LE MARQUIS.

Elle serait furieuse! et pourtant, en travaillant pour les autres, il est bien permis de songer à soi. D'abord, qu'est-ce que ça me fait à moi, que ce soit le premier ministre ou la reine qui gouverne? si je conspire, c'est par amitié pour Chalais; et si Chalais conspire, lui, c'est par amour pour la duchesse. Au fond, c'est un conflit d'intrigues qui s'organise d'une façon assez bouffonne. Mme de Chevreuse ne veut pas que le Richelieu lui échappe; et moi j'ai dans la tête que sa filleule ne m'échappe pas. Il faut voir où ça nous mène. Tu me promets bien que j'aurai ce soir en ma possession la piquante Andalouse dont je raffolle?

BRUSQUET.

Si vous l'aurez, monseigneur! j'y suis engagé d'amour-propre.

LE MARQUIS.

Tes préparatifs sont donc faits?

BRUSQUET.

Tous.

LE MARQUIS.

Ton monde prévenu?

BRUSQUET.

Et en état d'agir.

LE MARQUIS.

Des gens fidèles et sûrs!

BRUSQUET.

Je vous ai déjà dit tout cela en route.

LE MARQUIS.

En route, tout à la petite dont je suivais les traces, je t'avoue que je ne t'écoutais pas beaucoup. Sous quel prétexte feras-tu agir tout ce monde?

BRUSQUET.

Depuis l'arrestation du maréchal Ornano, de légers mouvemens populaires se manifestent presque tous les soirs.

LE MARQUIS.

Oui, pardieu! hier encore, m'a-t-on dit, une troupe d'écoliers s'est avisée de pendre en effigie le Cardinal.

BRUSQUET.

Eh bien! j'ai pensé...

LE MARQUIS, voyant revenir Dupré.

Chut!.. parle bas: (Brusquet lui parle à l'oreille.) Bien... très bien... je te reconnais là; par une conception pareille, tu seras un coquin digne de succéder à celui que nous voulons renverser.

BRUSQUET.

Je tâcherai de mériter cette confiance.

DUPRÉ, paraissant.

Si monsieur le Marquis veut passer au pavillon.

LE MARQUIS.

J'y vais. (Bas à Brusquet.) Je compte sur toi.

BRUSQUET.

Vous pouvez y compter.

LE MARQUIS, se dirigeant lentement vers le jardin.

Ah! cher objet de mon cœur, la résistance sera désormais superflue! Il est très honorable de risquer sa tête en conspirant pour Pierre ou Paul; mais lorsqu'on ne sait pas si l'on vivra le lendemain, on peut bien, la veille, se passer une petite fantaisie. (Il disparaît.)

SCÈNE XII.

DUPRÉ, JOANNÈS, PÉRÈS, sortant de l'écurie, puis CAMPANI, revenant de dehors.

JOANNÈS.

Il faut savoir si Campani pense comme nous.

PÉRÈS.

Dès qu'il sera de retour, nous lui expliquerons nos idées. (Campani entre du dehors.) On croirait qu'il revient exprès. (A Campani.) Frère, nous voulons te consulter.

CAMPANI.

Je suis à vous tout à l'heure. (Il va au domestique.) Dupré, dites à Mme la duchesse que ses dépêches sont en route pour Fontainebleau. (Dupré s'en va, Campani revient à ses frères.) Voyons, qu'est-ce que vous disiez, vous?

SCÈNE XIII.
PÉRÈS, JOANNÈS, CAMPANI.

JOANNÈS.

Nous disions que la cousine a dix-huit ans, que c'est l'époque fixée pour son mariage.

PÉRÈS.

Que nous l'aimons comme des fous, et que, la première fois que nous nous trouverions réunis, il faudrait nous entendre sur le point difficile entre nous trois, l'exclusion des deux autres; puisque, enfin, il ne peut y en avoir qu'un qui l'épouse.

CAMPANI.

On a dit: Celui qui l'aimera le plus.

JOANNÈS.

Et le mieux.

PÉRÈS.

Le plus! le mieux! qu'est-ce que c'est que des distinctions pareilles. Et, qui se chargera de nous mettre d'accord?

JOANNÈS.

Notre amitié inaltérable.

CAMPANI.

Ecoute, Joannès, je suis le plus raisonnable. Eh bien! si quelqu'un disait à l'un de vous deux: C'est toi qui es le plus digne de la main de Nitella... je le sens, oui, le désigné me deviendrait odieux. Ce ne serait plus mon frère, mais mon plus mortel ennemi; j'aurais soif de son sang peut-être.

PÉRÈS.

Je suis bien aise que le plus raisonnable pense tout-à-fait comme moi.

CAMPANI, la main sur la poitrine de Joannès.

Et que le meilleur s'interroge lui-même. Et si son honneur, sa conscience, lui ordonnaient de dire à Campani ou à Pérès: C'est toi qui la mérites, prends-la, je te la donne!

JOANNÈS, ému.

Je te la donne ! Ah ! je ne sais... Mais... non, je crois que je n'en aurais pas la force.

PÉRÈS, vivement et désignant Campani.

Ni lui, ni moi. Moi, j'ai la fièvre de rage de le penser seulement.

CAMPANI.

Et le penser, est-ce possible ! Peut-on croire à plus d'amour qu'on n'en éprouve ? Chacun de nous l'aime selon sa nature, ou plus impétueuse, ou plus tendre, ou plus ardente ; mais chacun de nous l'aime assez peut-être !..

PÉRÈS.

Achève... Oh ! je t'ai compris... Oui, l'aime assez pour tuer les deux autres plutôt que de la céder.

JOANNÈS.

Ah! frère, frère ! Dieu te pardonne ce blasphème, et nous inspire un moyen de sortir de cet affreux débat !

CAMPANI.

Un moyen ? je vous l'offre. Il est simple et naturel... c'est l'unique.

PÉRÈS.

Hé bien ?..

JOANNÈS.

Parle... C'est ?..

CAMPANI.

C'est le sort.

PÉRÈS.

Le sort !

CAMPANI.

Nitella doit accepter celui que les deux autres lui présenteront. Le sort, en éloignant de nous toute idée de préférence, doit étouffer toute idée de vengeance dans nos cœurs. C'est une chance égale à courir.

JOANNÈS.

Il a raison. Ce n'est plus la volonté de l'homme qui décide ; le sort, c'est le jugement de Dieu.

CAMPANI.

Acceptes-tu, Pérès ?

PÉRÈS.

Puisque Joannès consent.

CAMPANI.

Nous avons des dés sur nous.

PÉRÈS et JOANNÈS.

Eh bien ! aux dés, alors.

CAMPANI, les sortant de sa ceinture.

Invoquons l'assistance de notre patron. (Tous les trois ôtent et remettent leur chapeau.) Et silence. (Il agite les dés.) Le plus haut point gagnera.

JOANNÈS.

Nitella sera sa femme.

CAMPANI remue de nouveau les dés et s'arrête.

Avant tout, frères, sans arrière-pensée, nous jurons, sur notre salut, de respecter la décision du sort !

PÉRÈS et JOANNÈS.

Nous le jurons.

CAMPANI.

Je le jure aussi... Qui commence ?

JOANNÈS.

Toi.   (Pérès et Joannès se rapprochent.)

CAMPANI.

Attention !

PÉRÈS.

Va !

CAMPANI jette les dés, regarde le point, et s'écrie :

Six et cinq !

JOANNÈS, stupéfait.

Onze !

PÉRÈS, de même.

Oh ! Sainte-Vierge !

CAMPANI, présentant les dés.

A toi, Pérès !

PÉRÈS.

Donne.   (Il les prend avec colère, et joue.)

JOANNÈS.

Quatre et trois !

PÉRÈS.

Sept ! Damnation !

CAMPANI, à part.

J'ai gagné !

JOANNÈS, prenant les dés.

A moi ! (Les yeux vers le ciel.) Mon Dieu ! (Il joue.) Douze !.. Moi, moi... son époux !

PÉRÈS, prenant la main de son frère.

Nous avons perdu, Campani !

CAMPANI, anéanti.

Perdu, Dieu sauveur, avec onze points ! Et lui !

(Moment de silence, pendant lequel Joannès regarde avec anxiété la stupeur de Pérès et de Campani.)

JOANNÈS.

Quels regards sinistres ! (Marchant à eux.) Est-ce que je n'ai plus de frères ?

PÉRÈS, ôtant la main de sa ceinture.

La preuve que tu en as encore, c'est que je ne t'ai pas poignardé !

CAMPANI, passant la main sur ses yeux.

Oui, c'est l'inspiration du premier moment ; mais ça passe. Allons, Pérès, allons, fais comme moi : la main à Joannès.

(Ils lui présentent tous les deux la main.)

JOANNÈS, les unissant dans les siennes.

Merci, mes frères, merci.

PÉRÈS.

J'en mourrai peut-être.

JOANNÈS.

Oh !.. non... non !

CAMPANI.

La résignation est un devoir ; et, pour ne pas faire à demi les choses, promettons-nous de l'aider à vaincre tous les obstacles à son mariage avec Nitella.

PÉRÈS, à Joannès.

Je te le promets, parce que tu l'aurais fait pour moi.

JOANNÈS.

Et moi, je jure d'employer mes soins, mes travaux, ma vie, à la rendre la plus heureuse des femmes.

SCÈNE XIV.

LES MÊMES, NITELLA.

NITELLA.

Qui donc, Joannès, mon bon cousin, voulez-vous rendre la plus heureuse des femmes ?

JOANNÈS.

Vous-même, cousine adorée.

NITELLA.

J'espère que vous êtes tous les trois dans les mêmes sentimens.

PÉRÈS.

Ce sont nos droits qui ne sont plus les mêmes.

NITELLA, émue.

Et pourquoi cela, Pérès ?

CAMPANI.

Hélas! parce que nous les avons perdus.

NITELLA.

Perdus! Je ne saurais vous comprendre.

PÉRÈS.

Ces droits viennent de nous être ravis par le sort.

NITELLA.

Le sort! Quoi! ce serait une carte, un coup de dés qui ferait l'un de vous maître de ma main, de mon cœur, de mon avenir?

PÉRÈS.

Nous ne pouvions accepter que le hasard comme arbitre.

NITELLA.

Je ne m'attendais pas à cette nouvelle étrange, en retour de celle que je vous apporte.

CAMPANI.

Qu'est-ce donc?

NITELLA.

Hier, profitant de l'émotion de la reine, lorsqu'elle eût appris avec quel courage vous aviez exposé votre vie à Vincennes, pour sauver le roi, son époux, j'ai arraché et je vous apporte aujourd'hui le brevet des emplois que vous désiriez. Vous êtes chef des haras de la reine, Campani; vous, inspecteur aux gabelles, Joannès; et vous, Pérès, lieutenant du guet à cheval.

JOANNÈS.

Chère Nitella!

PÉRÈS.

Que nous importe à présent!

NITELLA.

Quant à ma main, quoique vous en ayez disposé sans que j'en fusse même prévenue, je me rappellerai le serment fait à votre mère mourante; et, puisque votre égoïsme n'a pas trouvé d'autre moyen d'éviter une rixe sanglante et meurtrière, j'abandonne ma personne sans murmure à celui que le sort a favorisé; mais, auparavant, je veux lui parler quelques instans sans témoins.

PÉRÈS.

Que va-t-elle lui dire?

JOANNÈS.

Je suis prêt à vous entendre.

CAMPANI.

Nous nous retirons.

NITELLA.

A quelques pas seulement.

(Campani et Pérès se retirent.)

JOANNÈS, après un silence.

Hâtez-vous, Nitella, votre air grave et solennel me fait peur. Mon bonheur est trop grand pour ne pas craindre... parlez... vous ne voulez pas être ma femme... peut-être!

NITELLA.

Sur les mânes de ma mère, je jure que ce n'est pas là ce que je voulais vous dire.

JOANNÈS.

Qu'est-ce donc, mon Dieu! Vous ne m'aimez pas assez?

NITELLA.

Je vous aime comme le meilleur des hommes, et tout ce que peut une femme pour le bonheur d'un époux, soins, tendresse, sacrifices, je vous les prodiguerai si vous voulez m'accorder la grâce que j'implore.

JOANNÈS.

Parlez, oh! parlez.

NITELLA.

Emmenez-moi dans quelque pays lointain, sans que personne puisse savoir où vous voudrez me conduire. Fut-ce au bout au monde; pour vous suivre, je quitterai la cour, vos frères...

JOANNÈS.

Et pourquoi vouloir que je cache ma joie, comme un avare son trésor. Que j'abandonne mes frères, que je les fuie.

NITELLA.

Il le faut, Joannès.

JOANNÈS.

Et pourquoi.

NITELLA.

Vous exigez que je vous le dise!... Oui, peut-être le dois-je par délicatesse. Mais rappelez-vous que je m'abandonne à votre foi; que je vous livre ma vie, et ne m'en voulez pas, n'en voulez à personne, si je froisse votre cœur par l'aveu que je vais vous faire.

JOANNÈS.

Un autre a votre amour.

NITELLA.

Dans mes rêves de jeune fille, lorsque libre encore de mes pensées, je songeais...

JOANNÈS.

Vous ne répondez pas... un autre à votre amour.

NITELLA.

Si vous appelez amour ce penchant irrésistible, cet emportement aveugle qui nous jette malgré nous vers celui que n'aurait pas choisi notre raison peut-être!..

JOANNÈS.

Quel est celui-là, je veux le savoir!

NITELLA.

Ce n'est pas sa faute, il l'ignore même.

JOANNÈS.

Est-ce quelqu'un de ces brillants gentilshommes qui vous auront séduits par des dehors!..

NITELLA.

Ah! Joannès!

JOANNÈS.

Alors, c'est un de mes frères!

NITELLA.

Songez qu'il l'ignore.

JOANNÈS.

Et... c'est Campani? (Silence de Nitella.) Pérès? (Nouveau silence.) répondez, Nitella, répondez.

NITELLA.

Qu'importe lequel, si nous les fuyons tous les deux. Loin de celui que je ne veux pas revoir, je triompherai de moi-même... Sous ses yeux, Joannès, je serais trop malheureuse, vous ne m'infligerez pas ce supplice.

JOANNÈS.

Un autre! c'est un autre qu'elle aime! maudit cent fois le sort, maudit cent fois l'orgueil humain qui demande à une divinité aveugle les joies du Paradis. (Campani et Pérès rentrent.) Le Dieu véritable, que tant d'impiété offense lui envoie le désespoir de l'enfer. Oh! mon Dieu, mon Dieu! pardon.

(Il marche rapidement vers ses frères.)

NITELLA, voulant le retenir.

Joannès, Joannès!

JOANNÈS.

Savez-vous ce que nous avons fait dans l'enivrement de nos folles espérances? Dans l'é-

goïsme de notre amour ? Nous avons condamné
au malheur la femme que nous prétendions ai-
mer le plus au monde, en attachant sa destinée
à un homme, tandis qu'elle en aime un autre.

CAMPANI et PÉRÈS.

Que veux-tu dire ?

JOANNÈS.

Qu'elle ne m'aime pas ! résignée, soumise,
elle m'abandonne sa main... mais non son cœur.
Il a parlé pour un de vous deux.

CAMPANI et PÉRÈS.

Est-il possible !

JOANNÈS.

Eh bien !.. qu'elle le désigne, je lui abandonne tous mes droits.

NITELLA.

Ah ! Joannès, tant de générosité !

JOANNÈS.

Qu'elle vous prouve, de quels efforts est capable le véritable amour, pour le bonheur de
celle qu'il aime... Et maintenant parlez.

(Nitella hésite encore.)

CAMPANI.

Que craignez-vous Nitella ? Nous comprenons
la noblesse de son sacrifice et nous prouverons
que nous sommes capables de l'imiter, tant est
puissante et dévouée l'amitié qui nous lie.

(Nitella les regarde un moment. Tous les trois ils
la pressent de parler, elle tend la main à Pérès et
se cache la tête dans le sein de Joannès.)

CAMPANI.

Nous, Joannès, si tu veux m'en croire, allons
chercher dans la solitude de nos montagnes l'ou-
bli de notre amour.

JOANNÈS.

Oh ! le mien... je sens qu'il ne me quittera
jamais. Je veux l'offrir à qui n'en repousse au-
cun, au consolateur de toutes les infortunes, de
toutes les affections déçues, à Dieu... Oui, j'irai
passer le reste de ma vie au fond d'un cloître.

(Un bruit lointain de clameurs se fait entendre.)

SCÈNE XV.

LES PRÉCÉDENS, LA DUCHESSE, LE
MARQUIS, puis MARIOL.

LE MARQUIS.

Vous voyez, Mme la Duchesse, que nos projets
sont en bonne voie et que nos mesures sont bien
prises.   (Le bruit du dehors redouble.)

LA DUCHESSE, s'arrêtant.

D'où vient ce bruit ?

LE MARQUIS.

Des éclats de rire.

LA DUCHESSE.

Et des cris.

LE MARQUIS.

Quelques étudians, sans doute... ou la canaille qui poursuit un homme ivre.

LA DUCHESSE.

Ecoutez...   (Différentes voix se font entendre.)

LES VOIX.

Nous irons au Louvre après... Oui, oui.

LE MARQUIS, riant.

C'est peut-être une émeute, le jour commence
à baisser.   VOIX, en dehors.

A l'hôtel de Chevreuse.

LA DUCHESSE.

Que disent-ils donc ?

CAMPANI.

J'ai entendu Chevreuse.

LE MARQUIS, à part.

Ce sont eux.

MARIOL, à une fenêtre.

Ah ! mais venez donc voir, ils ont des torches
allumées.   LA DUCHESSE.

Si c'était des cardinalistes qui vinssent livrer
l'hôtel aux flammes ?

MARIOL, toujours à la fenêtre.

Ils portent quelque chose en triomphe.

VOIX EXTÉRIEURES.

A bas le Cardinal.

LE MARQUIS.

C'est l'émeute, je vous l'avais bien dit.

(On frappe à la porte.)

LA DUCHESSE.

N'ouvrez pas.

MARIOL, de même.

C'est le valet de M. le Marquis.

LE MARQUIS.

Ouvrez, au contraire, nous allons savoir ce
qui se passe.   (Un valet va ouvrir.)

MARIOL.

Je vais descendre avec tout le monde, c'est
plus rassurant.

(Il quitte la fenêtre. A l'entrée de Brusquet, des cris,
des éclats de rire que poussent des hommes arrêtés
devant l'hôtel :) Avancez donc !—Vive la Reine.
—A bas le Cardinal.

LE MARQUIS, à Brusquet qui a refermé la porte.

Eh bien ! qu'est-ce.

BRUSQUET.

C'est un houra contre le cardinal en l'honneur
de Mme la Duchesse.

LA DUCHESSE.

Ah les fous ! je les remercie, mais je ne veux
pas de leurs politesses.

LE MARQUIS.

On peut conspirer, sans se confondre avec ces
espèces-là.   BRUSQUET.

Si vous refusez, ils sont capables d'entrer de
force. (Nouvelles clameurs.) Ecoutez, le bruit continue.

LE MARQUIS, bas à Brusquet.

Est-ce qu'ils vont pénétrer ?

BRUSQUET, de même.

Comment faire mieux ? ça compromet un peu
la duchesse, mais ça nous sert. Tâchons qu'elle
s'éloigne.   LA DUCHESSE.

Remontons chez moi, d'abord, ma chère Nitella.   LE MARQUIS, à part.

Ce n'est pas mon compte. (Haut à la duchesse.)
En pareille circonstance votre devoir vous appelle auprès de la Reine.

LA DUCHESSE.

Vous avez raison. Campani, ma haquenée.

CAMPANI.

Oui madame. (A Nitella.) Vous suivrez votre
marraine par la petite porte qui donne sur le
boulevard.

PÉRÈS.

Je vais seller une mule.

JOANNÈS, à Nitella.

Et nous vous escorterons,

(Les trois frères entrent dans l'écurie.)

LE MARQUIS, à Brusquet.
La filleule va nous échapper.
                    BRUSQUET.
Oh ! que non pas.
(A ce moment les deux battans de la porte cochère
    s'ouvrent, la foule va entrer.)
                    LA DUCHESSE.
Les voilà. (Elle sort, en s'écriant.) Refermez sur
moi la porte.
              MARIOL, exécutant son ordre.
Soyez tranquille, madame.
              NITELLA, dans la cour.
Et moi !
                    MARIOL.
Ah ! mon Dieu.
              BRUSQUET, à Nitella.
Ne craignez rien, signora, sous la protection
de mon maître.
NITELLA, à laquelle le marquis offre la main.
Je veux suivre ma marraine.
              BRUSQUET, à un groupe.
Séparez-la du marquis.
LE MARQUIS, feignant de repousser les hommes qui
              l'entourent.
Ils ont le diable au corps.
                    LE GROUPE.
Vive la Reine !
                    LE MARQUIS.
Laissez-moi donc passer et prenez garde à
cette dame.
              UN HOMME, du groupe.
Elle va danser avec nous.
                    (Il la sépare du marquis.)
              NITELLA, effrayée.
Laissez-moi.

              L'HOMME, la prenant par la main.
Allons, une sarabande pour la Reine.
                    (On entraîne Nitella dans le rond.)
                    NITELLA.
Au secours, au secours !
              LE GROUPE, pour étouffer ses cris.
Vive la reine ! à bas le cardinal.
              BRUSQUET, à l'avant-scène, bas au marquis.
Eh vite ! eh vite ! vos ordres.
                    DE MARQUIS.
Rue Saint-Paul, la dernière maison à gauche,
voici la clé.   (Il disparaît.)
              NITELLA, se débattant toujours.
Au secours ! au secours !
              BRUSQUET, au groupe qui entoure la jeune fille.
Maintenant, suivez-moi.
(Pendant que plusieurs individus emportent Nitella,
    la porte de l'écurie cède aux coups violens des
    trois frères qui reviennent.)
              PÉRÈS, paraissant le premier.
La duchesse partira comme elle voudra, je
vous dis que j'ai entendu les cris,..
              (Un cri lointain de Nitella se fait encore entendre.)
                    LES TROIS FRÈRES.
C'est sa voix, courons. (On leur barre le passage.)
                    LE GROUPE.
A bas le Cardinal.
MARIOL, qui s'est caché sous un banc de pierre.
Je ne sais rien, je ne vois rien, et j'ai dans l'i-
dée qu'on attrape quelqu'un ici ; ce n'est pas
moi toujours.
(Les trois frères, long-temps retenus par les hom-
    mes du marquis, ont rompu la chaîne, culbuté
    ceux qui s'opposaient à leur passage, et s'élancent
    sur les traces de Nitella, lorsque la toile tombe.)

FIN DU PREMIER ACTE.

ACTE II.

Un appartement de l'hôtel de Méru. Porte à droite et à gauche ; petite entrée particulière au premier plan
à gauche, fenêtre au fond donnant sur un balcon.

SCÈNE I.
BRUSQUET, Mlle MAILLET.

Mlle MAILLET, en peignoir, les cheveux à moitié
    crêpés et relevant elle-même son chignon.
Non, non, depuis quinze jours que vous êtes
après ma tête, en voilà assez. Vous n'y mettez
pas plus de précaution que si vous coiffiez une
tête à perruque.
                    BRUSQUET.
Trouvez donc au bout de quinze jours beaucoup d'élèves de ma force.
              Mlle MAILLET.
Votre force, c'est ce dont je me plains ; je ne
vous prête pas mon chef pour l'ébranler de cette
force-là.   BRUSQUET.
Vous êtes plus délicate que la signora Nitella.
Lorsque je démêle sa jolie tête, elle ne se plaint
jamais que je lui fasse mal.
              Mlle MAILLET.
Je crois bien, elle ne se plaint de rien. Mais
moi femme de charge de la maison, ça m'ennuie
de mettre mon chef aux ordres d'un valet de
chambre.

                    BRUSQUET.
Vous êtes jalouse de la confiance que me té-
moigne mon maître. Eh, Mlle Maillet, laissez-moi
donc les petits profits puisque vous avez les
gros, depuis quinze jours que la garde de notre
belle et farouche colombe est confiée à votre
surveillance.
              Mlle MAILLET.
Elle est agréable la surveillance, qui me tient
à la chaîne comme un galérien. Depuis quinze
jours voilà la première fois que je me permets de
la laisser un peu à elle-même.
                    BRUSQUET.
Oui, parce que c'est le dernier jour de sa ré-
clusion, puisque tout sera fini ce soir.
              MARIOL, passant la tête à la porte.
Bonjour, Mlle Maillet.

SCÈNE II.
LES MÊMES, MARIOL.

                    BRUSQUET.
Eh arrivez donc ! maître lambin.

MARIOL.

Arrivez donc, arrivez donc, ça vous est bien facile à dire. (Se retournant.) Votre santé est toujours fleurie, mamzelle Maillet. (A Brusquet.) Il y a des gens qu'on ne quitte pas comme on veut. J'étais au Louvre.

BRUSQUET.

Ah! vous allez nous donner des nouvelles, alors.

Mlle MAILLET.

C'est ça voyons, qu'est-ce qu'on dit à la cour!

MARIOL.

On dit toujours la même chose : Sa Majesté madame la Reine n'y parle encore que de l'enlèvement de sa protégée.

BRUSQUET.

Et les trois grands Navarrois de cousins! ils doivent être comme des lions.

MARIOL.

Comme des lions féroces, des lions affamés! Ne m'ont-ils pas pris à partie, parce que le jour du malheur j'ai fermé trop tôt la porte de l'écurie. J'ai cru que je ne sortirais de leurs griffes que par morceaux.

BRUSQUET, riant.

Ah! ah! ah!

MARIOL, avec humeur.

Je vous conseille de rire! Tenez, ne parlons plus de cela, parce que...

Mlle MAILLET.

Vous avez raison, parlons de ce qui nous occupe aujourd'hui, du mariage dont vous allez être un des témoins.

BRUSQUET.

Et moi l'autre.

MARIOL.

Eh bien! ça me fera plaisir d'en être quitte, je n'aime pas beaucoup à être mêlé dans ces mystères de grand seigneur.

BRUSQUET.

Il n'y a pas la moindre crainte à avoir.

MARIOL.

J'en suis persuadé, mais c'est égal. Ah ça! M. le marquis sera présent à la cérémonie.

BRUSQUET.

Elle ne se ferait pas sans lui. C'est l'ami le plus intime de l'épouseur.

MARIOL.

Avec toutes vos cachotteries, il faudra pourtant bien que je le voie, que je le connaisse aujourd'hui cet épouseur mystérieux ; quand ce serait le roi de la Chine ou le cardinal ministre, il faudra bien qu'il montre au moins le bout de son nez à son témoin.

BRUSQUET.

Ah dam! aujourd'hui... oui... vous serez du secret... Ah ça! votre oncle le sous-diacre sera exact à nous envoyer...

MARIOL.

A trois heures sonnant, il nous dépêchera un bon jeune homme de prêtre obscur... un nouveau venu, qui ne connaît rien et n'est connu de personne.

BRUSQUET.

A propos, je n'ai pas songé à vous avertir d'une chose. Vous avez fini de coiffer toutes vos pratiques?

MARIOL.

Pourquoi cela?

BRUSQUET.

Parce que la consigne est donnée au suisse de ne le laisser sortir personne de l'hôtel, avant la fin de la cérémonie.

Mlle MAILLET.

On a montré au prêtre la petite porte qui donne de l'église dans la chapelle de céans?

MARIOL.

Oui, oui, mon oncle lui en remettra la clé. C'est une petite porte de communication bien commode pour les gens de l'hôtel.

Mlle MAILLET.

Surtout par les jours de pluie; on peut entendre la grand'messe à Saint-Paul sans mettre le pied dehors. (On entend le bruit d'une sonnette.)

BRUSQUET,

Ah! M. le Marquis est rentré ; il sonne pour qu'on l'habille. Je le préviendrai que vous êtes ici, attendez.

Mlle MAILLET.

Moi, je vais passer ma robe; à revoir maître Mariol.   (Elle sort en même temps que Brusquet.)

SCÈNE III.

MARIOL, seul.

Si elle allait être de ma connaissance, la fiancée! une de mes pratiques! ça serait réjouissant. Il y a cette jeune mineure de la famille de Cavaillan, que je coiffais, et qui a disparu pour entrer dans un cloître, soi-disant. Et, encore cette vicomtesse d'Abrine; elle en avait des yeux, celle-là!.. enfin nous verrons bien. Comme témoin d'un homme de qualité, il ne serait pas mal que je me donnasse une petite façon...

(Il tire de sa poche un démêloir, se met devant une glace et s'arrange les cheveux.)

SCÈNE IV.

MARIOL, NITELLA.

NITELLA.

Depuis quize jours qu'ils m'on séparée de tout ce qui m'est cher, voilà la première fois qu'on me laisse un instant de solitude et de liberté.

MARIOL, se mirant.

Eh bien! mais... je ne suis pas si mal...

NITELLA, de même.

Ah! c'est qu'ils savent bien, les indignes, que je ne peux pas en abuser.

MARIOL, de même.

Dans le profil du nez, surtout... j'ai quelque chose d'agaçant.

NITELLA.

Ils m'ont mis dans l'horrible nécessité de consentir à mon malheur pour sauver tes jours, ô mon Pérès adoré.

MARIOL.

Pérès, qui parle de... (Il se retourne, fait un grand saut en arrière, reste d'abord bouche béante, et dit enfin :) La signora! mon Dieu sauveur! ayez pitié de moi.

NITELLA.

Maître Mariol, ici!.. Quoi! vous seriez complice?.,

MARIOL.

Complice! moi,signora!.. tremblant, à la bonne heure... Et de quoi voulez-vous que je sois complice !.. j'ignore... ou plutôt j'ignorais, car je comprends tout... Hideuse lumière ! (Il se promène.) Ah ! M. le Marquis... C'est un guet-apens. (A Nitella.) Rappelez-vous mes expressions, signora, c'est un guet-apens ! Me prendre pour témoin, moi !.. je vais me trouver mal ; ah ! je me trouve bien mal.

NITELLA.

Remettez-vous, je ne vous accuse pas.

MARIOL.

Il ne me manquerait plus que cela, pour que le seigneur Pérès...

NITELLA.

Oh ! parlez-moi de lui... de lui, dont je rachète la liberté par le plus horrible sacrifice.

MARIOL.

Je vous demande pardon, je ne vous comprends pas du tout... C'est pour le seigneur Pérès... que vous...

NITELLA.

Ah ! n'affectez pas cette ignorance... ne craignez pas de m'affliger... je sais tout.

MARIOL.

Eh bien ! moi, je ne sais rien, signora, bien vrai.

NITELLY.

Pourquoi faut-il que le jour même de mon enlèvement Pérès ait reçu ce brevet, qui devait sitôt devenir sa perte.

MARIOL.

Ah! c'est ce brevet qui est devenu !..

NITELLA.

N'est-ce pas que c'est une triste chance, pour sa première tournée dans la ville...

MARIOL.

C'est à sa première !.. je vais vous dire... c'est que j'ai été bien malade depuis votre absence. (A part.) Je n'ai pas envie de me compromettre.

NITELLA.

J'ai appris sa condamnation par les valets qui causaient entre eux, sans même soupçonner que je pusse les entendre.

MARIOL, à part.

Ce n'est pas possible.

NITELLA.

C'était sur le pont de la Tournelle, une troupe folle de gentilshommes, après souper, avaient voulu charger, l'épée à la main, une escouade du guet qui venait à leur rencontre. Tout surpris qu'elle fît résistance, le plus en avant des seigneurs s'écria : « Rangez vous canaille ! place au frère du roi.»

MARIOL, à part.

Elle rêve tout éveillée.

NITELLA.

« Le frère du roi ne donnerait pas l'exemple de l'inconduite et de la lâcheté,» répliqua Pérès ; et de son épée il repoussa son adversaire, qui était Gaston d'Orléans, lui-même.

MARIOL, à part.

Le chagrin lui aura troublé la raison.

NITELLA.

Lorsque j'ai entendu que pour avoir fait son devoir Pérès avait été jeté à la Bastille, et condamné à être pendu, j'ai demandé à voir le marquis, dont j'avais toujours repoussé la présence.

MARIOL, à part.

Ah ! nous y voilà.

NITELLA.

J'ai embrassé ses genoux, j'ai promis d'oublier ses procédés outrageans, de renoncer à l'espoir d'appartenir à Pérès, pour obtenir sa grâce. Le marquis m'a promis de l'apporter scellée du sceau royal, si je consentais à devenir marquise de Méru... et... hier... j'ai consenti.

MARIOL, à part.

Je donnerai un petit doigt de ma main gauche pour n'avoir jamais connu ces gens-là.

(Le marquis de Méru entre à ce moment et écoute.)

NITELLA.

Je dois être libre ce matin. si ce n'est pas un piège qu'on m'a tendu.

MARIOL, apercevant de Méru, dit à part.

Le Marquis nous écoute. (Haut.) Ah ! signora, M. le Marquis est incapable de vous tendre un piége.

NITELLA, avec amertume.

Vous croyez ?..

MARIOL.

Un piége de cette nature... Et en effet, le seigneur Pérès est libre. (A part.) C'est une vérité d'abord.

NITELLA.

Il m'en faudra la preuve écrite, on me l'a promise. Mais à vous, maître Mariol, je demande une grâce. J'ai tracé pour Pérès quelques mots... j'avais mis sur l'adresse : Cinquante livres à qui portera cette lettre ; et je songeais à la jeter à tout hasard par la fenêtre.

(Elle lui présente l'écrit.)

MARIOL, hésitant.

Ma position est affreuse.

NITELLA.

Au nom de tout ce qui vous intéresse au monde, chargez-vous-en , maître.

SCÈNE V.

Les Mêmes , LE MARQUIS, arrivant en scène.

LE MARQUIS, entre eux.

Si vous voulez bien le permettre, (Il prend la lettre.) je la ferai parvenir moi-même, je vous en donne ma parole. (Au coiffeur.) Puisque le hasard vous a instruit de tout en mon absence, maître Mariol, cela m'épargnera la peine de vous mettre au fait. (A Nitella.) Cette preuve écrite que vous réclamiez, la preuve de ma bonne foi...

MARIOL, à part.

Sa bonne foi... voilà un mot.

LE MARQUIS. déroulant un papier

Je vous l'apporte ; la voici.

NITELLA, ayant ouvert le papier.

Le sceau royal !

LE MARQUIS, à Mariol.

Tenez, maître , vous êtes savant ! lisez cela à la signora.

MARIOL.

Je crains que la faiblesse de ma vue...

LE MARQUIS.

Allons donc, vous avez des yeux superbes.

MARIOL, à part.

Il se moque de moi encore. (Il lit haut.)

« Ordre à M. le gouverneur et à tout quiconque lira ce présent sauf-conduit de livrer passage pour aller où il lui conviendra, au nommé Jean Pérès Navarrois de naissance, et délivré en mon palais du Louvre, ce 16 juillet 1636.

Moi, le roi, LOUIS XIII.

Contresigné MARILLAC, garde-des-sceaux.

NITELLA.

Sa grâce ! (Elle prend le papier des mains de Mariol.) Ah ! donnez, donnez, que je lise moi-même.

LE MARQUIS, conduisant Mariol à l'autre côté de la scène.

A nous deux, maintenant, maître. Voici les vingt-cinq pistoles destinées à qui me rend service.

MARIOL, les prenant, à part.

Je donnerais le double pour ne pas le rendre, le service. LE MARQUIS.

Et voici un blanc-seing, pour faire jeter à la Bastille tout confident de mes secrets qui pourrait avoir envie de les divulguer avant ma permission. Est-ce entendu.

MARIOL.

Bien mieux, c'est compris, monseigneur. (A part.) Diable d'homme, va !

UNE VOIX, dans la coulisse.

Subterfuge inutile... il est chez lui.

NITELLA, attentive.

Cette voix !

LA VOIX.

Mon coureur l'a vu rentrer.

BRUSQUET, en dehors.

Mais il est en affaire.

LE MARQUIS, attentif aussi.

Je ne me trompe pas.

LA VOIX.

Quelles que soient ses affaires... je veux le voir.

NITELLA.

Oh ! mon Dieu ! c'est ma marraine !

BRUSQUET, toujours en dehors.

Votre nom, au moins, madame.

LA VOIX.

Je m'annoncerai moi-même.

LE MARQUIS, à lui-même.

La duchesse de Chevreuse chez moi !

BRUSQUET, barrant la porte.

Mais je ne peux vous laisser entrer.

MARIOL, voulant sortir.

Où me cacher.

LE MARQUIS, tout bas en le retenant.

Reste, et quoi qu'il arrive, dis comme moi, si tu ne veux mourir au fond d'un cachot.

LA DUCHESSE.

On se range quand je passe.

LE MARQUIS, vivement et bas aussi à Nitella.

Un mot de plainte, et je déchire le sauf-conduit. (Il le lui prend des mains.)

NITELLA, anéantie.

Je me tairai.

LA DUCHESSE.

Arrière !

<hr>

SCÈNE VI.

LES MÊMES, LA DUCHESSE DE CHEVREUSE,
un loup sur le visage.

LA DUCHESSE, marchant droit au marquis sans voir personne.

Concevez-vous l'insolence de ce laquais.

LE MARQUIS, après avoir fait signe à Brusquet de sortir.

Mes ordres ne pouvaient concerner madame la Surintendante. (La duchesse ôte son loup.) A quel heureux hasard dois-je de la recevoir dans mon hôtel.

LA DUCHESSE.

Il fallait vous voir, et vous voir sur-le-champ, il y va des jours de mon... (Le marquis lui fait signe qu'il y a du monde auprès d'eux, la duchesse reprend.) de notre ami le comte de Chalais (Plus bas.) et des nôtres peut-être. (En disant ces derniers mots, elle aperçoit la jeune fille.) Nitella !.. chez vous.   (Nitella se cache la figure.)

LE MARQUIS, d'un air dégagé.

Cela doit vous paraître bien étrange, madame, mais votre cœur m'absoudra... nous nous aimons... nous nous aimions depuis bien long-temps.   NITELLA.

Ah ! monsieur !..

LE MARQUIS, reprenant.

Toute feinte serait inutile maintenant, mon ange adoré. Ne laissez pas croire à Mᵐᵉ la Duchesse que vous vous repentez. (Lui montrant le sauf-conduit.) que vous révoquez cette preuve de votre amour que je tiens en mes mains... ce consentement que je devais faire passer sous les yeux de la Reine, vous n'exigez pas que je le déchire. (Nitella fait un mouvement, le marquis continue.) Oh ! non, non. (Il lui baise la main comme remerciment.) Je serais trop malheureux !

LA DUCHESSE.

Marquis, votre erreur est grande, si vous croyez que la Reine lui pardonne jamais non plus qu'à vous. LE MARQUIS.

Nous mettions notre espoir, je ne vous le cacherai pas, Mᵐᵉ la Duchesse, dans votre intercession puissante.

LA DUCHESSE.

Moi, paraître excuser aux yeux de ma souveraine, ce que dans mon âme...

LE MARQUIS.

Votre âme ! ah ! ne la calomniez pas, elle est bonne, elle nous comprend... je pourrais en appeler à mon ami, ce brave, ce beau, ce noble Chalais qui vous adore !

LA DUCHESSE, à demi-voix.

Marquis !

LE MARQUIS.

Et qui m'a fait connaître tous les trésors de tendresse et d'indulgence qu'elle renferme.

LA DUCHESSE, plus bas.

Taisez-vous devant cette enfant.

LE MARQUIS, haut.

Nous implorons votre bonté.

LA DUCHESSE, toujours bas.

Vous êtes un traître, de Méru. (Haut à Nitella.) Mais pourquoi m'avoir fait un mystère de cet amour, Nitella, pourquoi surtout m'avoir caché votre retraite.

LE MARQUIS.

Nous attendions que les bénédictions de l'église eussent mis à l'abri de la religion notre bonheur.   LA DUCHESSE.

Vous êtes mariés.

LE MARQUIS.

D'intention... et tout à l'heure, dans peu d'instans nous le serons de fait... mais, pardon,

j'oublie que vous n'êtes pas ici pour entendre des
confidences d'amour.

LA DUCHESSE.

Il me reste à peine quelques minutes...

LE MARQUIS.

Souffrez, chère Nitella, que je vous reconduise.

NITELLA, avant de s'éloigner.

Mme la duchesse ? ma marraine... dites que vous ne me méprisez pas.

LA DUCHESSE, lui tendant la main.

Non, non, mon enfant !

NITELLA, emportée malgré elle.

Vous saurez quelque jour !

LE MARQUIS, l'interrompant.

Mme la Duchesse est pressée... (En passant auprès de Mariol resté dans son coin.) N'essaie pas de sortir de l'hôtel, sinon...

MARIOL.

Je ne quitte pas votre chambre. (A part.) C'est le diable incarné dans une peau de marquis. (Nitella sort d'un côté, et Mariol de l'autre.)

SCÈNE VII.
LE MARQUIS, LA DUCHESSE.

LE MARQUIS.

Je suis à vos ordres.

(Il lui présente un siége qu'elle repousse.)

LA DUCHESSE.

Non, c'est inutile. Je vous reprocherai plus tard ce qu'il y avait de peu généreux à me compromettre aux yeux de Nitella !..

LE MARQUIS.

Ah ! madame, je ne voulais pas...

LA DUCHESSE.

Aujourd'hui, voici ce qui m'amène. Le cardinal de Richelieu, soit instinct, soit qu'il ait été prévenu des projets de nos gentilshommes, a quitté sa terre de Limoux pour rentrer à Fontainebleau.

LE MARQUIS.

Oh ! oh ! voilà qui change une partie de nos plans.

LA DUCHESSE.

Le bruit court qu'il se dispose à revenir bientôt, demain peut-être, à Paris, où la faiblesse du Roi va lui livrer sans pitié ses ennemis.

LE MARQUIS.

Il est capable de demander leur tête.

LA DUCHESSE.

Il faut donc à tout prix empêcher ce retour qui nous perdrait.

LE MARQUIS.

Comment faire ?

LA DUCHESSE.

Rejoindre Chalais qui attendra sur la route, avec ses amis, la litière du cardinal, parti ce soir.

LE MARQUIS.

La nuit de mes noces ?

LA DUCHESSE.

Les plaisirs se retrouvent toujours...

LE MARQUIS.

Quand on les a déjà goûtés.

LA DUCHESSE.

Mais les occasions de perdre un ennemi, jamais !

LE MARQUIS.

Eh bien ! soit. Alors j'emmènerai mon épousée.

LA DUCHESSE.

Jeter une jeune femme au milieu d'un drame qui peut devenir sanglant ! ce serait folie.

LE MARQUIS.

La plus grande serait qu'elle pût devenir veuve avant d'être ma femme.

LA DUCHESSE.

Vous me faites frémir avec votre légèreté ! vous avez à me répondre à moi d'une existence qui fait la mienne.

LE MARQUIS.

Je réponds de tout.

LA DUCHESSE.

Présomptueux que vous êtes ! Les chevaux vous attendent.

LE MARQUIS.

Je compte sur votre appui auprès de Sa Majesté.

LA DUCHESSE, lui tendant la main.

Tout, pour tout.

LE MARQUIS.

Voilà parler. (Il lui baise la main.) Que j'aie la faveur de vous reconduire. (Au moment où ils s'éloignent, Mariol passe la tête et les regarde partir.)

SCÈNE VIII.
MARIOL, seul.

(Rentrant tout effaré.) Oh mon Dieu, mon Dieu, une conspiration par-dessus le marché. C'était bien la peine de coller l'oreille contre la porte pour entendre pareille chose. Un complot, un rapt, et Mariol au centre, au foyer ; c'est affreux. Cette position est épouvantable. Si je parle, à la Bastille ; si je me tais, à la potence peut être... et si j'en réchappe, aux petites maisons, car j'en deviendrai fou. (Il va vers la fenêtre au fond.) Ah de l'air, de l'air à ma pauvre tête... Qui me salue... hein... qu'est-ce... (Il salue à son tour.) Ce damné Campani... qui est encore planté là le nez en l'air pendant que la duchesse cause avec le marquis. Il n'y a plus que ce moyen, puisse-t-il être encore temps. (Il fait de la main comme un signe d'attendre et repasse dans l'antichambre pendant que la petite porte de dégagement ouverte au-dehors par Brusquet donne passage à Joannes qui le suit vêtu d'une robe de moine.)

SCÈNE IX.
BRUSQUET, JOANNES, NITELLA.

BRUSQUET, à Joannes en lui indiquant un siége.

Veuillez attendre ici, M. le Marquis va venir.

JOANNES.   (Il sort.)

Ainsi mon premier acte comme religieux sera de bénir un mariage, moi qui ai renoncé au monde parce qu'il ne m'était plus permis de voir bénir le mien.

NITELLA, arrivant en scène.

Partie ! Et n'avoir pu lui dire : cet homme vous trompe, il ment, je ne l'ai jamais aimé.

JOANNES, se redressant comme un spectre.

Quel son de voix.

NITELLA.

Déjà le prêtre !.. Ah je me sens mourir.

(Elle s'évanouit.)

JOANNES, la soulevant.

Nitella ! Sa présence, un mariage secret...l'hôtel de Méru... quel odieux soupçons... ce serait là le prix de mon dévouement, de mon sacrifice... ah tâchons de me contraindre... ma mission n'est pas de condamner... sans entendre... Dieu veuille qu'elle reprenne ses sens avant que personne... (On entend marcher.) Du monde. (Baissant son capuchon.) Ah ! qu'elle seule puisse retrouver Joannes sous ces vêtements.

SCÈNE X.
LES MÊMES, LE MARQUIS.

LE MARQUIS,

Ah! m'en voilà débarrassé; voyons, le prêtre, maintenant.

JOANNÈS.

C'est le Marquis.

LE MARQUIS.

Soyez le bien venu, mon père, je vous attendais avec impatience. (Il aperçoit Nitella.) Que vois-je?

JOANNÈS.

C'est ma présence subite.

LE MARQUIS.

Émotion de jeune fille... voyez... elle rouvre les yeux... allons, cher ange !

JOANNÉS, à part.

Cher ange ! ah...

NITELLA, reprenant ses sens.

C'en est donc fait !

LE MARQUIS, vivement, mais bas.

Prenez garde.

NITELLA, de même au marquis.

En retour d'une autre existence, vous voulez la mienne, je vous la donnerai, M. le marquis, je vous la donnerai.

LE MARQUIS, pendant que Nitella recueillie semble prier mentalement il attire Joannes au côté opposé.)

Vous êtes étranger... sans fortune... a dit le sous-diacre de St-Paul. (Signe affirmatif de Joannes.) Je ne veut pas que ce jour ne soit heureux que pour moi. J'ai dans le haut clergé des parens qui ne refuseront pas à mes sollicitations une riche prébende, ou quelque gros bénéfice... enfin nous verrons ce qui pourra vous convenir. (Joannes s'incline, le marquis à part.) Discret jusqu'au silence, c'est un homme adroit. (A Joannes.) Vous savez qu'il s'agit d'un mariage secret !

JOANNES.

On me l'a dit, monseigneur.

LE MARQUIS.

Mariage... nécessité... de faire taire les scrupules... exagérés d'une jeune fille!.. vous comprenez, mon père?

JOANNES.

Oui... oh je comprends.

LE MARQUIS, à part.

Il a de l'intelligence. (Haut.) De manière à se réserver la possibilité de faire rompre plus tard des liens mal tissus, si l'ambition de ma famille se trouvait blessée de cette mésalliance.

JOANNES, à part.

Quel châtiment de sa faute grand Dieu !

LE MARQUIS.

En attendant ce que nous pourrons faire pour votre avenir, le sous-diacre de St-Paul a d'avance dans les mains...

JOANNES, l'interrompant.

Je sais, monseigneur, je sais...

LE MARQUIS, retournant vers Nitella.

Eh bien, mon père, pendant que je vais donner les derniers ordres pour la cérémonie, je vous laisse avec votre pénitente ; préparez-la à l'union qui doit faire le bonheur de ma vie. Avec une ame aussi pure on doit avoir peu de péchés à confesser. Vous n'aurez qu'à bénir. Nitella, voici... (Il fait à Joannes un signe d'intelligence, le désigne de la main à Nitella comme pour l'engager à s'approcher, et traverse la scène pour sortir en disant à part.) Mariol a peur, le prêtre espère, la petite est résignée... me voilà tranquille.

SCÈNE XI.
NITELLA, JOANNES.

JOANNES, regardant s'éloigner le marquis.

Infamie ! voilà donc le métier de ces courtisans chargés de titres et de dignités... se jouer impunément de l'honneur des familles et de la sainteté de la religion. Et voilà pour quels hommes des jeunes filles créatures faibles et changeantes que l'audace éblouit, foulent aux pieds notre avenir et le leur. (Nitella après quelques momens d'hésitation s'est rapprochée de Joannes.) Jeune fille! n'avez-vous rien à me dire.

NITELLA, à part.

Mon Dieu, pardonnez-moi le mensonge que je vais faire. (Haut.) Non, mon père.

JOANNES.

Aux approches d'un changement d'état, pas de confidence à me faire ?

NITELLA.

Aucune.

JOANNES.

Pas de faute à confesser.

NITELLA.

Pas de faute.

JOANNES.

Ainsi votre ame est tranquille et ne vous reproche rien?

NITELLA.

Rien.

JOANNÈS.

Vous vous mariez... sans contrainte... volontairement.   NITELLA.

Volontairement.

JOANNES.

Et si l'homme que vous croyez prendre pour époux abusait de votre amour crédule... l'aimeriez-vous assez pour accepter le deshonneur !   NITELLA.

Comment abuser!

JOANNES, bas et tremblant.

Si ce mariage dont il vous berce n'était qu'un piége!

NITELLA, avec émotion.

Un piége ! (Saisissant la main de Joannes.) Un piége! ah... (Violemment.) Je le tuerais, mon père, et moi-même après lui. Ah mon cœur est trop plein... pour ne pas déborder dans le vôtre... nocente, est-ce que je n'accepterais pas le martyre avec joie !

NITELLA.

Oh !..

JOANNES, au bout de sa patience et rejetant son capuchon en arrière.

Et pourquoi l'épouse-tu donc ?

NITELLA, avec un cri.

Joannes, Joannes ici ?

JOANNES.

Parle bas et réponds, pourquoi l'épousais-tu ?..

NITELLA.

Pour racheter la vie de ton frère.

JOANNES.

Lequel est donc en danger ?

NITELLA.

Celui qui gémit sous les verroux de la Bastille, en attendant le gibet. Mon Pérès enfin !

JOANNES.

Qui t'a dit cela ?

NITELLA.

Tout le monde de cette maison.

JOANNES.

Mais c'est un conte odieux, malheureuse !

NITELLA.

Un conte ! j'ai lu de mes yeux, j'ai tenu dans mes mains, sa grâce tracée sur un sauf-conduit timbré du sceau royal.

JOANNES.

Mensonge exécrable ! Pérès est libre et n'a jamais cessé de l'être.

NITELLA, se cachant la tête dans les mains.

Horreur ! horreur ! ! ! mais que dis-je... mon Dieu tu m'as envoyé un sauveur. N'est-ce pas que tu me sauveras Joannes... car je ne suis pas coupable... la crédulité n'est pas un crime. Oh c'est que le lâche avait été épouvanté de mon désespoir. Il savait bien que durant mes jours solitaires, durant mes nuits sans sommeil, toute tentative, même violente, eût été inutile. J'avais juré de n'abandonner à ses désirs qu'un cadavre. L'idée de Pérès, exécuté comme un criminel pouvait seule me trouver sans force et sans courage... il avait deviné cela.

JOANNES.

Son calcul infernal est déjoué... il faut fuir...

NITELLA.

On surveille mes pas... la maison est esclave du maître !

JOANNES.

N'importe, il faut fuir.

NITELLA.

Ensemble ?

JOANNES.

C'est impossible ! je compromettrais votre fuite loin de l'assurer, je le sens... mais cette robe vous abritera.

NITELLA.

Cette robe ?.. et vous ?

JOANNES.

Moi j'attendrai le marquis.

NITELLA.

Dans l'excès de sa colère il vous tuerait.

JOANNES.

Il craindrait les suites.

NITELLA.

Vous ne connaissez pas cet homme.

JOANNES, avec amour.

Eh bien, pour vous, Nitella, et pour vous, in-

tyre avec joie !

NITELLA.

Oh !..

JOANNES.

Quand l'amour est mort sur la terre... c'est au ciel que vit l'espérance !

NITELLA.

Joannes, ne parlez pas ainsi !

JOANNES.

Ne perdons pas une minute... l'entrée de la chapelle est dans la cour à droite... Au fond de l'édifice, derrière l'autel de la Vierge, est la petite porte qui donne dans l'église Saint-Paul... Une fois là, vous n'aurez plus de craintes...

NITELLA.

Plus de craintes, quand je vous laisse ici ?

JOANNES

Vous préviendrez mes frères. Ne compromettez pas, par d'inutiles délais le salut que le ciel nous offre... et celui de Pérès qui meurt de chagrin d'être séparé de vous.

NITELLA, lui baisant la main.

Que ferais-je donc moi, pour reconnaître jamais tout ce que je dois à votre amitié ?

JOANNES.

Vous donnerez à mon frère tout le bonheur que j'avais rêvé pour moi-même. Ne tardez plus. (Il ôte sa robe, la jette sur les épaules de Nitella, qu'il pousse vers la porte.) Descendez lentement... d'un air grave... mais d'un pas ferme... Abaissez le capuchon sur vos yeux. (Il ferme la porte sur elle.) Adieu.

LE MARQUIS, suivi de Mariol, entr'ouvrant la porte.

On peut entrer ?

JOANNES, se retournant.

Oui, on peut entrer.

SCÈNE XII.

JOANNES, LE MARQUIS, MARIOL.

LE MARQUIS, apercevant Joannes sans robe.

Que vois-je ?   (Il regarde autour de lui.)

JOANNES.

Joannes le muletier, marquis de Méru, que tu as fait le confident de tes lâches projets, et qui vient d'y soustraire sa sœur sous une robe de moine.

LE MARQUIS, avec colère.

Par le diable qui t'emporte...

JOANNES.

Et le frère Jean resté ici pour te reprocher ton crime et te faire honte de ton sacrilége ; entends-tu, gentilhomme ?

LE MARQUIS.

Frère Jean, ou Joannes, ou démon, garde tes sermons pour une autre jour, et ne crie pas encore victoire. Je saurai bien arrêter au vol ce bel oiseau sauvage !..

JOANNES, se plaçant devant la porte.

On ne passe pas.

LE MARQUIS.

Insolent. Allons, Mariol, voyons, fais-moi faire place, que je ne compromette pas mon blason avec ce vilain.

MARIOL.

Mais... monseigneur... (A part.) L'autre qui ne vient pas !

LE MARQUIS, poussant Mariol.
Eh bien?

JOANNES.
On ne passe pas.

LE MARQUIS, à Joannes.
Ah! tu veux que je te fasse assommer par la valetaille?

JOANNES.
Essaie.

LE MARQUIS.
Ou que je te coupe moi-même les oreilles, en attendant.

MARIOL.
Monseigneur... un homme sans défense.

LE MARQUIS.
Allons... laisse-moi! (Il repousse Mariol. La croisée du fond s'ouvre avec fracas. Campani paraît sur le balcon.)

SCÈNE XIII.
LES MÊMES, CAMPANI.

CAMPANI.
Me voilà, me voilà.

LE MARQUIS, à Mariol.
Traître!.. tu l'as introduit... tu mériterais...

CAMPANI.
A moi, l'épée. (Il arrache l'arme au côté du marquis, avant que celui-ci ait pu songer à s'en servir.)

LE MARQUIS.
Appelle mes gens?..

CAMPANI.
Ouvre la bouche, et je te poignarde...

MARIOL, se faisant petit.
Sainte Vierge! me voilà cerné comme Daniel dans la fosse aux lions.

CAMPANI, au marquis
Où est ma cousine?

JOANNES.
Hors de la maison!.. sauvée, je l'espère!

LE MARQUIS, voulant sortir.
Arrière!

CAMPANI, à Mariol.
Mets les verroux.

MARIOL, obéit en tremblant.
Monseigneur, bien des excuses, j'y suis forcé.

LE MARQUIS, violemment.
Brusquet, au secours, Jean, Joseph.

JOANNES, lui mettant un mouchoir sur la bouche.
Et silence. (A Campani.) Aide-moi. (Ils poussent de Méru sur un fauteuil, et l'y attachent avec la ceinture de Campani.)

MARIOL, bas à l'oreille de Campani.
C'est mon billet qui vous a prévenu.

CAMPANI, de même
Aide-nous maintenant à sortir d'ici.

MARIOL.
Impossible, tout le monde est consigné dans l'hôtel.

CAMPANI.
Eh bien! nous nous en irons par où je suis venu. (A Joannes.) Viens, frère.

JOANNES, au marquis.
Oui, demander justice.

MARIOL, à part.
On les écoutera joliment!

CAMPANI, sur le balcon.
Je passe le premier pour te montrer le chemin.
(Il passe.)

JOANNES, le suivant.
M'y voilà. Je te suis.

MARIOL, au balcon.
Attendez-moi. (A part.) Je vais me casser le col... mais c'est égal, j'aime encore mieux cette chance-là.

PLUSIEURS VOIX, au-dehors.
Arrêtez!.. Au voleur... on escalade l'hôtel.

LE MARQUIS, cherchant à se dégager.
Ah!..

MARIOL, une jambe déjà en dehors.
Les soldats du guet!

LES VOIX.
Tirez dessus s'ils résistent.

MARIOL.
Je retourne casaque. (On entend un coup de feu.) Ah!.. (Il revient au marquis en boitant.) C'est comme si je l'avais reçu... Ah! M. le Marquis, me voilà. J'attendais leur départ pour vous offrir mes services. (Le tumulte en dehors continue, on frappe aux portes, Mariol va ouvrir.)

SCÈNE XIV.
LE MARQUIS, MARIOL, BRUSQUET, Mlle MAILLET, PÉRÈS, gens de l'hôtel.

PÉRÈS, sur le seuil de l'appartement en habit de lieutenant du guet.
Le maître de l'hôtel?

MARIOL, à l'écart.
Le troisième frère!.. Ils y viennent tous.

LE MARQUIS.
C'est moi, commandant. (Secouant ses membres et sa tête.) Ah! je respire... les drôles avaient serré en conscience.

PÉRÈS.
Je viens vous prévenir que les malfaiteurs arrêtés sont conduits au Grand-Châtelet

MARIOL, à part.
Un beau chef-d'œuvre, tu peux t'en vanter.

LE MARQUIS.
Pardieu, je vous remercie; ce sont des coquins que je veux faire pendre. (A part.) Avant qu'ils puissent porter plainte. J'ai heureusement des connaissances parmi les juges. (A Pérès.) Ordonnez, commandant qu'on les jette tout d'abord dans quelque cachot, et surtout qu'on les empêche de communiquer avec qui que ce soit, avant mon arrivée.

PÉRÈS, à un de ses hommmes qui l'accompagnait.
Tu entends : remonte à cheval.
(L'homme sort.)

LE MARQUIS.
Pourvu qu'ils n'échappent pas à vos hommes en route.

PÉRÈS.
Soyez tranquille; ce ne sont pas mes hommes; mais une patrouille du guet à pied qui les entraînaient déjà quand je suis arrivé sur la place, et je suis monté pour recevoir votre déposition.

LE MARQUIS.
Je peux vous déclarer, commandant, que les drôles m'ont enlevé... un trésor.

MARIOL, à l'oreille de Pérès par derrière.
Le vôtre.

PÉRÈS.
Hein!..

MARIOL, les mains jointes.
Ne me compromettez pas.

BRUSQUET, apportant une lettre que vient de lui
remettre un valet,

Une dépêche de Mme la duchesse de Chevreuse.

LE MARQUIS.

J'ai pardieu bien le temps... Voyons cependant... (Il ouvre et lit.)

MARIOL, à Pérès.

Les deux hommes arrêtés sont vos frères.

PÉRÈS.

Qu'est-ce que tu dis?

MARIOL, très bas.

I a vérité.

PÉRÈS.

Quoi, ce coup de feu tiré, c'était?...

MARIOL, de même.

Su rvos frères.

LE MARQUIS, continuant de lire.

Cette femme est folle avec ses reproches.

PÉRÈS, se frappant sur le front.

Ah! ce malheur me manquait...

MARIOL.

A présent, je me sauve,

PÉRÈS, se précipitant après lui.

Ah! courrons les délivrer!..

(Il sort précipitamment.)

LE MARQUIS, se retournant.

Eh bien! qu'est-ce!.. Commandant, attendez-moi. (A Brusquet.) Ne le laisse pas partir. (Au valet.) Je répondrai à la duchesse, j'irai... si je peux... Qu'est-ce que vous me voulez de plus. (Il le pousse par les épaules.) Laissez-moi tranquille. (Il voit Brusquet immobile.) Comment, tu n'as pas bougé? Cet homme sera parti sans moi.

BRUSQUET, froidement.

Je l'espère, monseigneur.

LE MARQUIS.

Es-tu fou?

BRUSQUET.

Cet homme que vous n'avez pas reconnu, c'est Pérès le navarrois... votre rival.

LE MARQUIS.

Comment, c'était le navarrois Pérès.

BRUSQUET.

Voulez-vous encore aller le rejoindre?

LE MARQUIS, après un silence.

Allons rejoindre Chalais à Fontainebleau... Ça fera plaisir à la duchesse.

FIN DU DEUXIÈME ACTE.

ACTE III

Le théâtre représente une des remises de l'hôtel de Chevreuse. Porte à droite par laquelle on vient de la grande cour de l'hôtel; porte à gauche qui donne dans une écurie attenant. Une lanterne allumée est attachée à un pilier; à gauche, un large banc de jardin sur lequel sont entassés des coussins de litière. Au fond, une chaise à porteurs.

SCÈNE I.

MARIOL, sortant de l'écurie et tenant d'une main une gourmette avec son bridon, et de l'autre son nez.

Aie, aie, aie, aie, aie, aie; aussi ça n'a pas de bon sens, vouloir que moi, cité pour la légèreté du coup de peigne, je selle deux chevaux comme un valet d'écurie. (Il regarde à sa main s'il ne saigne point.) Elle est délicieuse, Mme la Duchesse... parce qu'elle ne sait pas ce que Campani est devenu! Parbleu! ni moi non plus je ne le sais pas... Je n'ai pas été courir après, j'ai couru chez moi manger la soupe, d'abord... il était temps... je n'avais rien pris de cette maudite journée... Je reviens ici pour tâcher d'apprendre ce que sont devenus les trois frères et la filleule... Mme la Duchesse, sans me donner le temps de dire un mot, m'entraîne à l'écurie et me laisse en présence des quadrupèdes. Ces animaux, ils ne me connaissent pas plus que je les connais et ils s'insurgent, c'est tout naturel. Je vas pour serrer le bridon du premier, ça l'ennuie, et, d'un mouvement de museau, il me relève le nez jusqu'au front. Aussi les voilà scellés, Dieu sait comme; j'en ai assez comme ça.

SCÈNE II.

MARIOL, LA DUCHESSE.

LA DUCHESSE, venant du dehors.

Eh bien! Campani?

MARIOL.

N'est pas rentré, Mme la Duchesse.

LA DUCHESSE.

Et les chevaux?

MARIOL.

Sont là, préparés tant bien que mal... et n'attendent que leurs cavaliers.

LA DUCHESSE, à elle-même.

Viendront-ils? (A Mariol.) C'est bien.

SCÈNE III.

LES MÊMES, NITELLA, sous la robe de Joannes.

MARIOL, à l'aspect de Nitella qui entr'ouvre la porte, Mme la Duchesse, un moine qui se glisse.

LA DUCHESSE.

Taisez-vous... (A elle-même.) Serait-ce un espion envoyé chez moi par le père Joseph, cette âme damnée du cardinal.

NITELLA, à l'aspect de la Duchesse, à mi-voix.

Ma marraine.

LA DUCHESSE, de même.

Nitella! paix. Abaisse encore plus ton capuchon. (A Mariol.) Allez, maître.

MARIOL.

Mme la Duchesse n'a plus besoin de mes services.

LA DUCHESSE.

Allez donc!

MARIOL.

J'obéis, Mme la Duchesse... Après avoir fait d'un coiffeur un palfrenier, je voudrais bien savoir ce qu'elle va faire d'un capucin. (Il sort.)

SCÈNE IV.

LA DUCHESSE, NITELLA.

LA DUCHESSE.

Nitella ! que signifie ce costume, chère enfant,

NITELLA.

Je lui dois ma liberté. Sous son couvert j'ai pu rester jusqu'à la nuit agenouillée dans un confessional de Saint-Paul, sans être remarquée. C'est la robe de Joannes ; elle m'a soustraite à la machination la plus infâme.

LA DUCHESSE.

Quoi ! le marquis...

NITELLA.

Vous trompait sans que je pusse le démentir.

LA DUCHESSE.

Ah l'indigne !

NITELLA.

Mais Joannes, mon bon frère Joannes envoyé par la Providence ?

LA DUCHESSE.

Avec Campani, sans doute...

NITELLA.

Ni Campani, ni Pérès ne se sont offerts à mes regards... Le Marquis n'aurait pu se venger que sur Joannes... Dieu l'en préserve. J'irai bientôt aux pieds de la reine, faire connaître son audace et sa perfidie !

LA DUCHESSE.

Il le mériterait, mais... (Avec prières et caresses.) enfant ! tu te tairas jusqu'à demain... n'est-ce pas ?.. Non, pour lui... pour moi, pour mon affection la plus chère !.. Toi, cœur aimant, âme ardente ! tu comprends ce que c'est que l'inquiétude pour ce qu'on aime... Écoute : Le Cardinal, qui ne devait quitter Fontainebleau que demain, a avancé son retour de vingt-quatre heures.

NITELLA.

Oh, mon Dieu !

LA DUCHESSE.

Il sera au Louvre ce soir. Sa Majesté Louis XIII nous l'a dit en partant pour la chasse. A cette nouvelle j'ai envoyé de nouveau chez le Marquis. C'est le seul homme qui puisse sauver Chalais, en se jetant sur sa route pour l'aider à prendre la fuite et à sortir de France. C'est qu'à la partie qui se joue, enfant, il y va de plusieurs têtes élevées ; bien des grands noms seraient compromis... le mien... (Très bas.) celui même de la Reine, peut-être... Il est si puissant et si haineux, le Cardinal.

NITELLA.

Et qu'avez-vous résolu ?

LA DUCHESSE.

J'attends ; tout le monde me manque... Pour comble de tourment, dans cette anxiété mortelle, les devoirs de ma place me rappellent au Louvre.

NITELLA.

Et vous êtes assurée que Campani reviendra d'abord en ce lieu...

LA DUCHESSE.

J'en ai la certitude.

NITELLA.

Eh bien ! ma bonne marraine, je vais l'attendre, moi. J'aurai du bonheur à vous servir une fois à mon tour... Ne vous laissez point abattre.

LA DUCHESSE.

Chère enfant ! comment reconnaître...

NITELLA.

Allez, allez, vous ne me devez rien. J'aime trop Pérès pour ne pas comprendre ce qu'on souffre lorsque l'on craint pour les jours de ce qu'on aime. (La Duchesse sort.)

SCÈNE V.

NITELLA, seule.

Tombée d'un vêtement de fiancée dans une robe de moine ! et, destinée bizarre, jetée des terreurs d'une odieuse cérémonie dans les embarras d'une conspiration... lorsque mon cœur et mes désirs m'emporteraient vers l'homme auquel j'allais faire le sacrifice de ma vie. Au moins, ici, je peux attendre et respirer... enfin, je suis libre ! libre ! rendue à l'amour de Pérès. Depuis que la terreur n'agite plus mes nerfs... je sens la fatigue qui m'accable. (Elle s'assied sur le banc.) Tant de nuits passées les yeux ouverts, l'oreille attentive, dans la crainte de quelque surprise, de quelque infamie ! (Elle s'accoude sur les coussins, et, pendant ce qui suit, cherche vainement à combattre le sommeil qui finit par s'emparer d'elle. Cher Joannes, frère chéri, que ne dois-je point à ton ingénieuse affection qui m'a délivrée. Bon ange que le ciel a jeté sur le chemin de ma vie ! Vivante preuve que le monde renferme de ces existences toutes de sacrifice dont l'unique bonheur ici-bas est de faire le bonheur des autres !.. Pour ces tendres âmes si dévouées, ô mon Dieu, et si peu payées de leur dévouement, quelles récompenses inconnues vous devez tenir en réserve ! (Elle s'endort.)

SCÈNE VI.

NITELLA, endormie; LE MARQUIS, BRUSQUET.

BRUSQUET, entrant le premier.

Nous y voilà, M. le Marquis.

LE MARQUIS.

Nous trouverons les deux chevaux tout sellés dans la deuxième pièce. (Il regarde une lettre qu'il tient.) Oui, c'est bien dans les instructions du billet de la duchesse. (Il lit.) «Tout sellés dans »la seconde pièce. Sortir par la petite porte mas- »quée qui donne sur les marais pour éviter les »remarques,» (Il indique la porte de gauche.) C'est par là. (Il continue.) «Et partir sans délai, ventre »à terre, s'il reste encore au marquis de Méru »quelque goutte de sang noble dans les veines.»

BRUSQUET.

Il est vert, le billet, monseigneur.

LE MARQUIS.

C'est un coup d'aiguillon pour me piquer au vif... Je n'avais plus besoin de cela. Je ne suis pas fâché de l'occasion qui m'éloigne de la cour ; ça donnera le temps à Sa Majesté d'oublier mes folies, peut-être !

BRUSQUET.

La plus grande de toutes, ça été de respecter quinze jours durant les scrupules de votre Andalouse.

LE MARQUIS.

Je donnerais cent pistoles pour que ce fût à

recommencer. Mais ce n'est plus à cela qu'il faut
penser... Viens.

BRUSQUET, s'arrêtant tout court devant Nitella qu'il
aperçoit.

Ah! monseigneur, c'est comme dans les Contes
de fées.   LE MARQUIS.

A qui en as-tu?

BRUSQUET.

Donnez-moi deux cents pistoles.

LE MARQUIS.

Hein?

BRUSQUET,

Donnez-moi deux cents pistoles, monseigneur, et retournez la tête. (Le Marquis regarde.)
Eh bien!..

LE MARQUIS, voyant à rentrer Nitella.

Ah!.. endormie... en ce lieu!

BRUSQUET.

Et de quel cœur elle dort!

LE MARQUIS.

C'est un rêve...

BRUSQUET.

Qu'elle va faire, si vous voulez.

LE MARQUIS, soulevant tout-à-fait son capuchon.

Ah! mais c'est à n'y rien comprendre.

BRUSQUET.

M. le Marquis, vous me devez deux cents pistoles!   LE MARQUIS.

Fais sortir les chevaux. Conduis-les au petit
pas jusqu'au boulevart. Va, les deux cents pistoles sont à toi.

BRUSQUET, poussé par son maître, sort par la petite
porte, et dit en s'en allant.

Je suis bien fâché de ne pas en avoir demandé
trois cents.

SCÈNE VII.

NITELLA, endormie; LE MARQUIS.

LE MARQUIS, la considérant.

C'est pardieu bien elle sous l'étamine de ce capuchon. (Il s'approche et lui prend la main.) Ses
doigts frémissent sous les miens. (Il penche la tête
vers elle.) Un sourire brille sur ses lèvres.

NITELLA, endormie.

Pérès, mon Pérès!

LE MARQUIS.

Eh bien! va pour Pérès.

NITELLA, de même.

Nous voilà réunis.

LE MARQUIS.

Oui, chère âme. (En riant.) Pour quelques minutes.   NITELLA, de même.

Ah! que je te presse encore contre mon cœur!

LE MARQUIS, l'entourant d'un de ses bras.

Volontiers, mon ange. (Il approche de lui la tête
de la jeune fille et l'appuie sur son épaule.) Mais,
ouvre donc tes yeux, que j'y lise tout ton amour.

NITELLA, s'éveillant.

Pérès! (Avec stupeur.) Ce n'est pas lui!

LE MARQUIS.

Vous vous trompiez de nom, idole de mon
âme; de nom, seulement.

NITELLA.

Encore cet homme!..

LE MARQUIS.

Toujours.

NITELLA.

Où suis-je donc?

LE MARQUIS.

Dans les bras d'un amant enivré!

(Il l'attire tout-à-fait à lui.)

NITELLA, le repoussant.

Horreur!

LE MARQUIS.

Ah! belle Andalouse, vous exagerez!..

NITELLA.

Laissez-moi... laissez-moi.

LE MARQUIS, la contenant.

Vous n'êtes pas la plus forte... allons, je serais
désolé de meurtrir ces bras délicats.

NITELLA, s'efforçant de glisser de ses bras.

J'embrasse vos genoux.

LE MARQUIS, la retenant.

Je ne souffrirai pas... Ce serait à moi d'être
aux vôtres.   NITELLA.

Grâce... je vous demande grâce! au nom de
ce que vous avez de plus cher.

LE MARQUIS.

Rien ne m'est plus cher que vous. Et c'est moi
qui vous supplie de ne pas prolonger davantage
une résistance... (En riant.) inutile.

NITELLA.

Prenez garde, monseigneur, vous ne savez pas
encore ce dont une Espagnole est capable.

LE MARQUIS, plus pressant.

Et j'ai toujours eu envie de le savoir. (Elle se dé-
gage par un effort désespéré, prend un stylet retenu à
sa jarretière et pendant que le marquis, qui n'a pas
vu le mouvement, la ressaisit par le bras gauche en
s'écriant.) Vienne la vengeance après le bonheur!

NITELLA, le frappant de son stylet.

Avant, monseigneur, avant. (Le marquis lâche
le bras qu'il tenait, porte sa main à sa poitrine, et
la jeune fille, qui le regarde avec effroi, se sauve en
criant.) Mon Dieu, mon Dieu, ce n'est pas ma
faute, pardonnez-moi.   (Elle disparaît.)

SCÈNE VIII.

LE MARQUIS, seul.

Ah! par exemple, il ne sera pas dit. (Il veut
la suivre et chancelle.) Elle échappe et je ne peux...
(Il se tâte.) Ah! elle avait une arme, la petite
sournoise; c'est traître... (En frissonnant.) Le
froid de l'acier, c'est une sensation singulière!
(Il essaie de marcher.) On dirait de la glace qui
descend par les membres et qui cloue les pieds à
leur place... (Il peut à peine se soutenir.) Comment, je perdrais connaissance... comme une
femme! c'est humiliant... c'est ridicule. (Il cherche à prendre sur lui.) Allons, allons... mes yeux
se couvrent d'un brouillard... mes oreilles tin-
tent... mon cœur faiblit... (Souriant.) Pauvres
machines que nous sommes... tous les objets
tournent... c'est fini... mon Dieu ayez pitié de
moi... je me sens mourir.   (Il tombe.)

SCÈNE IX.

LE MARQUIS, étendu, JOANNES, CAMPANI,
puis PÉRÈS.

CAMPANI, arrivant par la porte de gauche.

La barre qui ferme la petite porte en dedans

est levée; on l'aura laissée entr'ouverte après avoir fait sortir les chevaux.

JOANNES, qui l'accompagne.

Oui, nous arrivons trop tard, l'adroit marquis aura profité des heures que nous avons perdues en explications à la connétablie.

CAMPANI.

En rejoignant Pérès qui est allé aux renseignemens par la grande porte de l'hôtel, nous allons savoir de la bouche même de la duchesse...

PÉRÈS, paraissant sur le seuil de la porte opposée.

L'enfer s'en mêle! la duchesse est dehors, et l'on ne sait rien de Nitella.

JOANNES.

Protégée par ma robe, elle se sera rendue auprès de la reine.

CAMPANI.

Il faut courir sur ses traces.

PÉRÈS.

Oui, ce n'est qu'au Louvre qu'elle a pu diriger ses pas... ce n'est que là qu'elle obtiendra justice de son infâme ravisseur, de ce misérable marquis que je n'ai pas eu l'instinct d'étrangler, plutôt que de lui prêter aide et secours contre vous.

CAMPANI.

Voyons, calme-toi.

PÉRÈS,

Me calmer! lorsque mon sang bout dans mes veines... Vous ne pouvez comprendre ce que j'ai souffert, ce que je souffre... vous qui n'avez pas son amour. CAMPANI.

Ingrat! (Montrant Joannes.) qui oublie son sacrifice!

JOANNES, montrant Campani.

Et son dévouement.

PÉRÈS, leur prenant les mains.

Pardon, pardon, frères! je ne sais ce que je dis... je vous outrage... vous qui me l'avez sauvée, qui me la donnez deux fois. Je suis un malheureux, un ingrat, vous avez raison, mais ayez pitié de ma pauvre tête! elle est si bouleversée... Je crois que je deviens fou. (Ils lui tendent la main qu'il presse dans les deux siennes. Comme frappé d'une idée subite.) Et si la reine... car il est noble, cet homme, et tout est permis, tout se pardonne à la noblesse, si la reine refusait justice à Nitella! nous tuerions le marquis, n'est-ce pas? CAMPANI.

Et dans sa propre maison... dussions-nous y mettre le feu pour y avoir entrée.

PÉRÈS.

Dussions-nous le poursuivre de chambre en chambre au milieu des flammes, jusqu'à ce que, frappé de mon poignard... (En parlant, il vient heurter le corps du Marquis et le considère avec égarement.) Quand je vous ai dit que j'étais fou! voilà ma pensée qui prend une forme. Vous ne voyez rien?.. là par terre... étendu... n'est-ce pas? CAMPANI.

C'est un corps!

JOANNES.

Celui du marquis.

PÉRÈS, attéré,

Mort! (Avec regret.) de la main d'un autre.

TOUS LES TROIS, se découvrant.

Justice du ciel!

JOANNES.

Qui vous épargne un meurtre.

CAMPANI.

Et qui te laisse vengé.

PÉRÈS.

'est un étrange accomplissement de notre résolution. Et l'on ignore ce meurtre, car les gens de l'hôtel ne m'en ont rien dit.

JOANNES.

Mais il ne peut rester long-temps secret.

CAMPANI.

Ceux d'ici qui nous ont toujours vus avec un œil d'envie, ne manqueront pas de nous accuser.

JOANNES.

Et selon toute apparence, le coupable ne viendra pas dire...

CAMPANI, ramassant un stylet, l'examine, leur fait signe de la tête d'approcher, regarde à l'aide de la lanterne. et dit :

C'est Nitella!

PÉRÈS.

Que dis-tu?

JOANNES.

Nitella!

PÉRÈS.

Comment se pourrait-il?

CAMPANI.

Je ne sais; mais voilà le stylet que notre bonne mère, au lit de mort, lui donna comme dernier nier souvenir. Sa devise vous en est connue : Sauve garde de l'honneur.

PÉRÈS, vivement.

Alors, ceci ne regarde que moi... Nitella, si c'est elle, n'a fait qu'exécuter ce que j'avais en tête... La responsabilité m'appartient.

CAMPANI.

A quoi bon répondre; il faut soustraire le cadavre à tous les regards. Creusons à même le sol une fosse pour le recevoir.

PÉRÈS, s'armant d'un levier..

Il a raison, à l'œuvre!

JOANNES.

Et moi, puisqu'il n'est plus, je prierai pour son âme. PÉRÈS.

Pour son âme! je te le défends... que le démon l'emporte au plus profond de l'enfer.

JOANNES.

Tais-toi... tu n'es plus son juge, maintenant. (Les deux frères, l'un armé d'un levier, l'autre d'une pelle, dérangent les pavés, et creusent le sol.)

CAMPANI, l'arrêtant,

C'est assez de place pour un corps.

JOANNES, la main sur la poitrine du marquis.

Le corps n'est pas entièrement refroidi.

PÉRÈS, soulevant la tête.

Débarrassons-nous-en bien vite.

CAMPANI, tenant les pieds.

Soulève encore un peu.

(Ils approchent de la fosse, Joannes les suit.)

PÉRÈS.

Allons, frère, laisse aller.

(Campani lâche les pieds ; à cette secousse, les deux bras du marquis se rattrappent à Pérès qui va lâcher la tête, et le saisissent au col.)

LE MARQUIS.

Qui va là?

PÉRÈS, reculant d'abord.

Le mort qui ressuscite!

LE MARQUIS.

Où suis-je?

PÉRÈS, de loin.

Regarde !

LE MARQUIS, cherchant.

Je ne reconnais pas... je comprends mal encore... (Aux frères.) Que faites-vous donc-là ?

PÉRÈS, plus rapproché,

Nous t'enterrions.

LE MARQUIS, encore assis sur le bord de la fosse.

Ah ! oui... oui... je me souviens... Béni soit le secours qui m'a tiré de ma léthargie !

PÉRÈS.

Pourquoi ?

LE MARQUIS, se relevant aidé par Joannes.

Parce que vous n'enterrerez pas un homme vivant.   PÉRÈS.

En es-tu bien sûr.

LE MARQUIS.

Vous voyez bien que la mort ne veux pas encore du marquis de Méru ?

PÉBÈS.

Il faudra bien qu'elle en veuille.

(Joannes fait un mouvement comme pour s'interposer, Campani le retient.)

LE MARQUIS.

Vous êtes trop honnêtes gens, pour me tuer ainsi, que diable ! On n'assassine pas un homme deux fois. J'étais déjà assez loin de m'attendre à la première (Les trois frères écoutent.) C'est égal, quoique la farouche beauté m'ait prise un peu en traître, c'est une femme de résolution... La tête plus forte que la main... heureusement... Il y a eu de mon côté plus d'émotion que de mal... deux piqûres un peu fortes... (Il regarde.) du sang à peine... D'ailleurs, elle était dans son droit, et je ne souffrirai pas qu'il lui soit fait le moindre désagrément, si l'on voulait l'inquiéter, parole d'honneur.   PÉRÈS.

On ne l'inquiétera pas, M. le Marquis.

LE MARQUIS.

Non, je vous dis que je ne le souffrirais pas,

PÉRÈS.

Oh ! quand même vous le souffririez. Vous ne sortirez pas d'ici, marquis de Méru.

LE MARQUIS, avec insouciance.

C'est possible, je suis dans vos mains. Vous voulez donc m'égorger ?

PÉRÈS, s'irritant.

Ce serait justice, lâche !

LE MARQUIS, froidement.

Tu peux m'insulter... je suis sans défense.

PÉRÈS,

Ah ! le ravisseur comprend donc la lutte avec l'amant outragé ! le gentilhomme voudrait bien faire à l'homme du peuple l'honneur de se battre avec lui !

LE MARQUIS, gaîment

A son corps défendant... c'est de convenance. Si l'homme du peuple laisse la vie à ce prix au gentilhomme, il faut bien qu'il la défende.

JOANNES.

Le marquis aura-t-il assez de force ?...

PÉRÈS, l'interrompant.

Qu'il choisisse la position : debout, assis, à genoux, un bras lié au corps, tout ce qui peut rendre la chance égale, pourvu que nous en finissions.

LE MARQUIS, légèrement.

Tout cela n'est pas nécessaire. (Il va au pi-

lier.) Il y a sans doute quelque liqueur forte dans cette gourde suspendue. (Il la secoue.) Oui... deux ou trois gorgées... (Avant de boire.) Vous permettez, pour rétablir l'équilibre... (Après avoir bu.) Et maintenant il n'y paraît plus.

(Il replace la gourde.)

PÉRÈS.

Alors , j'attends.

LE MARQUIS.

Vous me prêterez une épée ; je n'ai pas la mienne.   PÉRÈS.

Deux couteaux, deux poignards, feront l'affaire.   LE MARQUIS.

Soit. Je n'ai pas le droit d'être difficile. Cela me rappelle le séjour de Bukingham à Paris ; j'ai vu deux de ses hommes se taillader fort proprement à ce jeu-là.

PÉRÈS.

Nous allons voir.

LE MARQUIS.

Il fait un peu sombre, ne trouvez-vous pas?

PÉRÈS, à Campani.

Allume une torche, pour mieux nous éclairer.

(Campani prend une torche qu'il allume à la lanterne.)

LE MARQUIS, à Joannès.

Vous vous chargerez de confesser le vaincu, si la mort vous en laisse le temps.

PÉRÈS.

Et, maintenant , à nous deux, monsieur le marquis !   LE MARQUIS.

A nous deux... Ah ! un moment ! Dès que vous aurez promis d'accomplir mon dernier vœu...

PÉRÈS.

Parlez vite.

LE MARQUIS.

Mon valet de chambre attend, ici près, avec deux chevaux. Vous le préviendrez , pour qu'il les conduise sans retard...

CAMPANI.

Au comte de Chalais ! Sur la tête de mon père, je vous jure de les conduire moi-même ; je l'ai promis à la duchesse.

LE MARQUIS.

Je suis prêt... En garde !

PÉRÈS.

Et sans merci. (Lui montrant la fosse.) Ou j'y tombe, ou je t'y jette.

(Il lève son couteau ; le marquis pare le coup. La lutte se dessine. Campani, sa torche à la main, et Joannes attentif, suivent tous les mouvemens avec anxiété. Deux coups sont frappés à la porte du dehors.)   PÉRÈS , à voix basse.

Chut !.. (On frappe de nouveau.) Ne répondez pas.   (On secoue la porte. Même silence.)

UNE VOIX, après quelques secondes.

Vous êtes sûrs de les avoir vus entrer ? Voyons encore. (On frappe une troisième fois.) Maître Campani, au nom du ciel, ouvrez, si vous êtes là. Ouvrez vite, il y va de la vie peut-être.

TOUS.

Que dit-il ?

LA VOIX.

Vous n'avez rien à craindre de Mariol, qui vous a rendu service. Ouvrez avant que l'hôtel soit envahi par les sbires du Cardinal.

LE MARQUIS.

Les sbires du Cardinal ! Voilà qui est sérieux.

CAMPANI.
Est-ce que ce bavard dirait vrai ?

JOANNES.
Nous allons voir.
(Il va ouvrir et referme précipitamment après l'entrée de Mariol.

SCÈNE X.
LES MÊMES, MARIOL.

MARIOL, apercevant de Méru.
Sainte Vierge ! Monsieur le marquis avec ces messieurs... je n'y suis plus du tout... mais vous êtes perdu...

LE MARQUIS.
Que veux-tu dire ?

PÉRÈS.
Expliquez-vous ?

MARIOL.
La maison est cernée, c'est vous qu'on cherche, voilà l'explication ; on vous accuse.

LE MARQUIS.
De quoi ?

MARIOL.
D'avoir trempé dans le complot contre le Cardinal.

LE MARQUIS.
Qui m'accuse ?

MARIOL.
Une lettre trouvée sur le comte de Chalais.

LE MARQUIS.
Il a donc été arrêté ?

MARIOL.
Par les gardes de son Éminence, qui vient d'arriver au Louvre.

LE MARQUIS.
Pauvre Comte.

MARIOL.
En ce moment on vient de ramener Mme la Duchesse pour s'emparer de sa correspondance et visiter l'hôtel où l'on suppose que vous êtes caché.

LE MARQUIS.
Allons, le Cardinal brochant sur le tout ; il était écrit là-haut que je n'en réchapperais pas.

MARIOL.
A moins d'un miracle. (On entend un bruit au dehors.) Entendez-vous les voix, les armes ?

LE MARQUIS.
Que veux-tu que j'y fasse, je partagerai le sort de mon ami de Chalais. (Aux frères.) Ça nous mettra tous d'accord, mes maîtres. Vous échapperez à tout soupçon, en me livrant.

PÉRÈS.
Pour qui nous prenez-vous ? On attaque, on tue avec joie un ennemi... mais le livrer à ses bourreaux...

JOANNES.
Bien, frère !

MARIOL.
Bien, bien, le temps presse.

LE MARQUIS.
Je vous déclare que je m'abandonne à vous. Faites de moi tout ce qu'il vous plaira. Livrez-moi, tuez-moi, enterrez-moi, mais dépêchez-vous.

PÉRÈS.
Attendez... mon habit de muletier est resté dans ce coffre.

CAMPANI, courant le prendre.
Heureuse idée !

(Les trois frères se mettent à déshabiller de Méru.)

PÉRÈS.
Eh vite ! à bas les dentelles !

CAMPANI.
Et le justaucorps brodé.

JOANNES.
Et les cordons brillans !

LE MARQUIS.
Nous avons l'air ma foi de jouer au roi dépouillé.

MARIOL.
Il n'est guère temps de rire.

CAMPANI.
Que faire de ces oripeaux ?

PÉRÈS.
Tout cela dans le trou... et le manteau que vous oubliez... là, maintenant de la terre pardessus. (Tout le monde se met à la besogne.) La noblesse enterrée, on sauvera l'homme. (Il présente une veste au marquis.) L'autre bras... ça gratte un peu... l'étoffe en est commune.

LE MARQUIS.
Va toujours... ta conduite me prouve qu'un cœur d'honnête homme a battu là-dessous.

JOANNES, qui regardait par une croisée du fond.
Ils sont au premier étage.

MARIOL, à l'autre.
Et dans la cour.

CAMPANI, montrant la tête du marquis.
Cette coiffure ne peut rester ainsi. (Il prend Mariol par le bras, et l'amène vivement près du Marquis.)

LE MARQUIS.
Ils songent à tout.

MARIOL, arrangeant les cheveux.
C'est que s'ils arrivaient... il n'en faudrait pas plus pour me compromettre.

LE MARQUIS.
Parce que tu me décoiffes...

MARIOL.
Le Cardinal pourrait croire que je partage vos opinions.

CAMPANI.
Poltron !

JOANNES.
La résille d'un côté de la figure.

CAMPANI.
Ce large chapeau pour l'ombrager tout entière.

PÉRÈS.
Et dans ces mains trop blanches une éponge, et vite au travail.   (Il lui montre la chaise.)

LE MARQUIS.
Pour le coup, me voilà peuple de costume et de manière.

JOANNES, à demi-voix.
Tâchez de l'être aussi de cœur, si c'est possible.

SCÈNE XI.
LES MÊMES, UN CHEF DE SBIRES DU CARDINAL, SBIRES, GENS DE LA DUCHESSE, puis LA DUCHESSE.

CHEF DE SBIRES, en dehors.
Maintenant, au rez-de-chaussée.

MARIOL.
Cette fois, les voici.

CHEF DE SBIRES, de même.
Les écuries, la serre et les remises.

MARIOL, *pendant que le chef des sbires entre avec son monde.*

Pourvu qu'ils n'aillent pas me demander ce que je fais là.

LA DUCHESSE, *entrant la dernière.*

Forcer une femme de ma sorte à suivre des gens de votre espèce jusqu'en ce lieu, c'est une indignité.

LE CHEF DES SBIRES.

Mme la Duchesse, c'est l'ordre du Cardinal.

LA DUCHESSE.

Votre cardinal est un infâme.

MARIOL, *à demi-voix.*

Oh ! mais je ne suis pas du tout de cette opinion déplorable.

LE CHEF DES SBIRES.

Avec tout le respect que je vous dois, j'ai l'ordre de vous obliger à nous suivre dans toutes les parties de cette habitation qui doit être fouillée en votre présence. Et d'abord, que se passe-t-il ? quels sont ces hommes ? que font-ils ici, à pareille heure ?

CAMPANI.

Celui qui vous parle, étrille les chevaux de Mme la Duchesse, quand il lui plaît.

PÉRÈS.

Et moi, lieutenant du guet, je venais comme vous prendre des renseignemens auprès de maître Mariol, le coiffeur de la maison...

MARIOL.

Cette idée de faire voir que je suis là.

CAMPANI, *montrant le marquis.*

Et le camarade. (*Appuyant.*) Nétoie la litière pour demain.

LE CHEF.

Ce sera pour tout de suite, si vous le voulez bien.

JOANNSE.

Comment ?

LE CHEF.

Madame la duchesse part sans délai pour Bruxelles.

TOUS.

Serait-il possible.

LA DUCHESSE.

Oui, mes amis, l'exil. On éloigne de notre souveraine adorée tous ceux qui l'affectionnent et qu'elle honore de son amitié. (*Au chef.*) Eh bien ! délivrez-moi sans retard de cette odieuse persécution. (*Au marquis sans le reconnaître.*) Et vous, préparez la litière.

LE MARQUIS.

Oui, Mme la duchesse.

LA DUCHESSE, *à Pérès.*

Cet homme...

PÉRÈS, *à demi-voix.*

Est de votre connaissance.

LE MARQUIS.

Quand vous voudrez prendre place.

LE CHEF, *lui mettant la main sur l'épaule.*

Une minute, mon brave, personne ne sortira avant que nous ayons trouvé le marquis de Méru. Il est dans l'hôtel. (*A Pérès.*) N'est-ce pas votre consigne aussi, commandant ?

PÉRÈS, *à haute voix.*

Personne ne sortira avant que nous n'ayons trouvé le Marquis.

LE MARQUIS, *à part.*

Ainsi nous avons pris bien de la peine pour rien.

MARIOL.

Ça tourne au très vilain.

LE CHEF, *aux sbires qui cherchent.*

Fouillez, fouillez partout, puisqu'il n'est pas là-haut il est ici ; nous en sommes sûrs, on a suivi ses traces ; mort ou vif, il nous faut le marquis de Méru.

SCÈNE XII.

LES MÊMES, NITELLA, *avec ses vêtemens de femme,* TOUT LE MONDE.

NITELLA.

Le marquis de Méru ! accuse-t-on quelqu'un de sa mort ?

LE CHEF.

Le marquis mort ! qui dit cela.

NITELLA.

Moi, qui l'ai poignardé de ma main.

PÉRÈS.

Est-ce possible ! cette jeune fille a perdu la tête.

LA DUCHESSE.

Toi Nitella ?

NITELLA.

Oui, j'ai tué le marquis, à cette place d'un coup de stylet, et j'ai été me jeter aux pieds de notre bonne reine Anne d'Autriche pour implorer sa protection royale. Là, devant le cardinal de Richelieu, qui venait d'entrer avec le roi, j'ai confessé le meurtre, en déclarant à haute voix, pourquoi je l'avais commis. Son action est d'une ame courageuse, a dit la Reine, et Louis XIII a repris je pense comme vous et je lui fais grâce. C'est une tête qu'elle m'enlève, a ajouté le Cardinal, car je la destinais à la hache du bourreau. Mais puisqu'il est bien et dûment mort, Dieu veuille avoir son ame.

LE MARQUIS, *à part.*

Le pauvre homme.

NITELLA.

Va donc en paix, jeune fille. Je te donne l'absolution. Alors le monarque a scellé de son sceau royal ce sauf-conduit pour moi et tous ceux qu'on pourrait inquiéter à cause de cette mort.

MARIOL.

J'en voudrais bien un aussi pour moi de sauf-conduit !

NITELLA.

Mon intention, hélas, n'était point de servir sa politique ; et j'ai regret, Dieu m'en est témoin, d'avoir été forcée...

LE MARQUIS, *à l'oreille de Nitella.*

Soyez sans remords...

NITELLA, *involontairement.*

Le marquis !..

PÉRÈS, *vivement.*

Il est parti n'en parlons plus.

LE CHEF.

Comment, parti !

PÉRÈS

Oui, sans doute, parti pour l'autre monde.

LE CHEF.

Eh bien qu'il y reste.

LE MARQUIS, à part.
Bien des remercîmens.

LE CHEF.
En présence de madame, je n'ai donc plus qu'à donner trois mille pistoles promises à quiconque livrerait l'un des principaux conspirateurs. Le trésor reprendra cet argent sur les biens confisqués du coupable Marquis.

MARIOL.
Il ne perd jamais rien le trésor.

LE CHEF, offrant une bourse à Nitella.
Veuillez accepter...

NITELLA, la repoussant.
Le prix du sang.

PÉRÈS.
Acceptez signora. (Désignant de Méru.) Quand ce ne serait que pour en faire cadeau à ce pauvre diable de porteur de chaises que le sort ne favorise guère aujourd'hui... tiens, camarade.

LE MARQUIS, avec hauteur.
A moi!

CAMPANI.
Prends donc. (Bas.) C'est sur votre bien.

JOANNES, bas.
Et c'est autant de sauvé.

MARIOL, de même.
Il ne perdra pas tout.

LE CHEF.
Maintenant que justice est faite... on laissera passer tout le monde.

LE MARQUIS.
Enfin !

LE CHEF.
Mme la Duchesse, il nous est enjoint de fer-mer les portes de l'hôtel, dès que vous en aurez quitté le seuil.

LA DUCHESSE.
Marchons, j'ai hâte de fuir le despotisme sanglant qui pèse sur la noblesse de France. (Tous les gens de sa maison l'entourent et lui baisent les mains.) A des jours meilleurs, mes enfans.

(Pendant que Joannes, et Nitella sont empressés autour d'elle, que ses femmes l'enveloppent de sa mante et lui baisent aussi les mains en pleurant.)

LE MARQUIS, amenant Pérès à l'avant-scène.
J'ai de grands torts avec toi, Pérès ; je t'en demande pardon. Tu me forces à reconnaître que dans ce populaire, que nous autres grands seigneurs avons toujours traité fort dédaigneusement, il y a du bon, ma parole.

PÉRÈS.
C'est qu'il y a de l'âme, M. le marquis.

LE MARQUIS.
Oui, oui, en les décrassant un peu, il y a quelque chose à faire de ces gens-là.

PÉRÈS.
Vous êtes dans le vrai, M. le Marquis, ça viendra tôt ou tard ; Dieu est juste et le peuple a de l'avenir.

LA DUCHESSE, au moment de monter en chaise.
Partons, partons.

(Le Marquis et Pérès se rapprochent des autres, Nitella tient encore la main de la Duchesse. Les gens de la maison s'apprêtent à suivre et le chef des sbires fait signe à son escouade, qui se range pour laisser passer.)

FIN DES TROIS MULETIERS.

Imprimerie de Mme De Lacombe, rue d'Enghien, 12.